目次

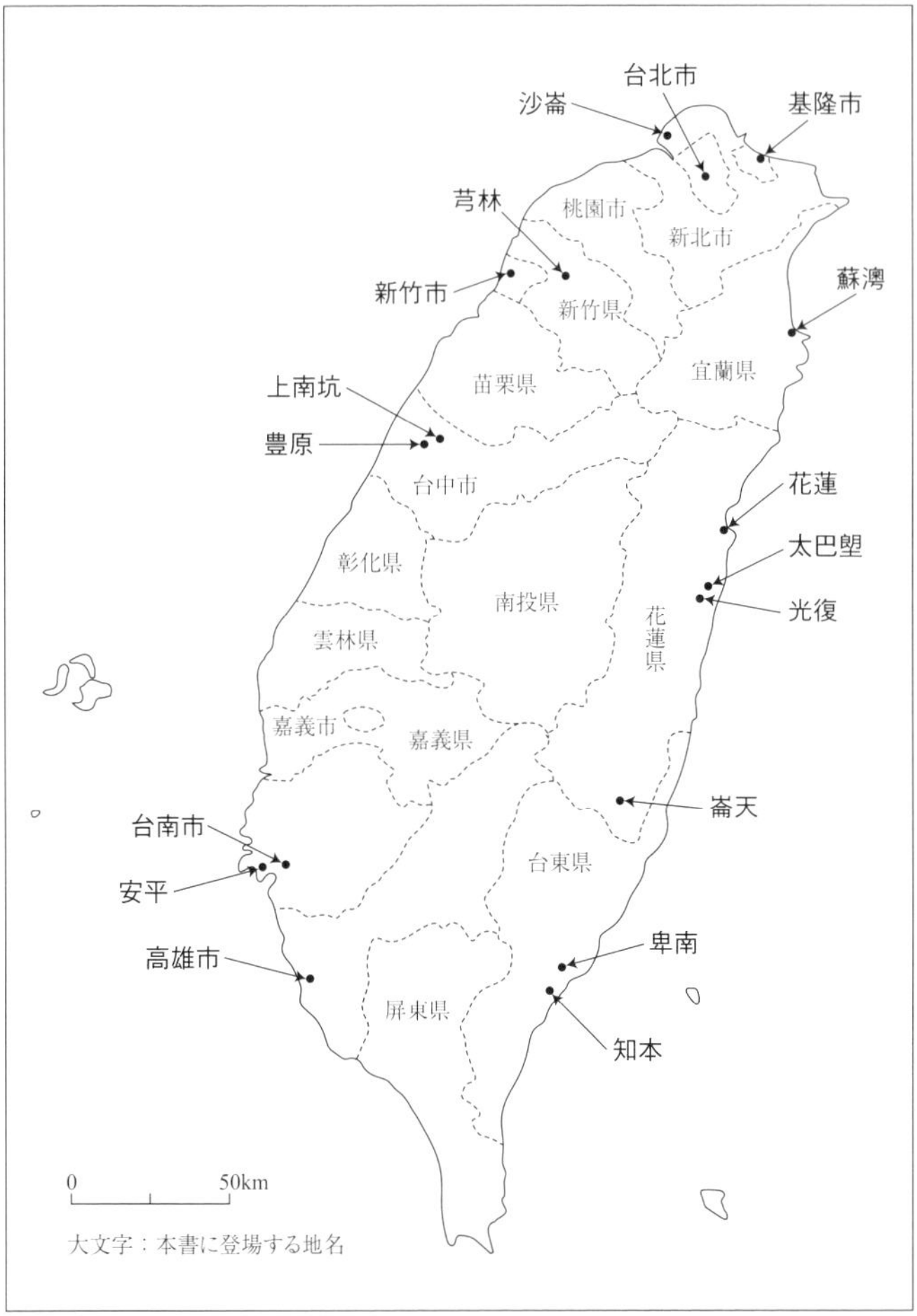

台北市
沙崙
基隆市
芎林
桃園市
新北市
新竹市
新竹県
蘇澳
宜蘭県
苗栗県
上南坑
豊原
台中市
花蓮
太巴塱
彰化県
南投県
光復
花蓮県
雲林県
嘉義市
嘉義県
崙天
台南市
安平
台東県
卑南
高雄市
屏東県
知本
0
50km
大文字：本書に登場する地名

台湾全図

戦時下台湾の少年少女

はじめに

近年、海外旅行の訪問先に台湾の人気が高まっています。行きは四時間少々で到着し、三時間弱で帰国できること、美味しい食べ物や飲み物、南国の果物であふれ、治安もよく親日的な人々が多いことなどが知られているからでしょう。街中で地図を広げていると、どこに行きたいのと日本語で話しかけられた方もいると思います。

台湾は太平洋戦争で日本が敗戦するまで日本の植民地でした。日本の中学校や高等学校の歴史の教科書では簡単にふれているだけですので、スペインやイギリスなど欧米の列強諸国が世界各地に植民地を持っていたことは知っていても、日本が植民地を持っていたことを知らない人もいるかも知れません。知っていたとしても、台湾での学校教育について知る方は少ないと思います。

私は小学校の教員として勤務後、学内の教育博物館に異動しました。博物館には戦前の台湾・朝鮮・満洲・南洋等で、現地の子どもたちが使用した教科書が多数所蔵されていました。その教科書を手に取ってみると、これまで見たことのない挿絵が描かれていました。その後、台湾総督府発行の修身教科書を中心として、教科書を通しての当時の教育政策などについて調べ始めました。いざ調べ始めると教科書や史料からだけでなく当時の子どもたちの学校生活の様子、先生方の学習の教え方や子どもたちとの関係、学芸会や運動会、遠足といった学習以外の様子などを知りたくなり、関係者の話を聞く調査を国内と台湾で始めました。自身の体験に基づく言葉には、研究論文、専門書、公文書などにはない生き生きしたものがありました。

筆者の関わった研究の一つに、戦前の中等教育を受け、戦前・戦後教職に就かれた方から、日本統治期に受けられた教育についての影響の有無や日本の教育への思いを聞き取る調査がありました。本書はそうした太平洋戦争前後の台湾で暮らしていた「戦時下台湾の少年少女」に、主に学校生活について尋ねたことを聞き書きしたものです。どこの節から読んでも結構です。興味がありそうな所から目を通してみてください。

なお、この本では、今日では不適切とされる言葉が使用されている箇所がありますが、当時の時代状況を知ることも大切と考え、歴史用語として使用しています。

一　戦前台湾の教育について

わが国が台湾で植民地統治を行ったのは一八九五（明治二八）年五月から、終戦の年までの五〇年間でした。初めての植民地経営であり、言語の異なる異民族への日本語教育の方法も含め、教育政策は変遷を重ねました（巻末の資料1参照）。一節では「戦時下台湾の少年少女」が学んだ初等教育についてみていきます。中学校や教員養成のための師範学校などについては、巻末に〈台湾の歴史・生活・教育を知る本〉として参考文献を紹介していますので、興味のある人は読んでみてください。

1　本島人・原住民・内地人

戦前、植民地であった台湾で学校教育を受けた人々のほとんどは中国の清朝《しんちょう》期（一六一六―一九一二）に大陸から台湾に移り住んだ漢族の子孫でした。このなかの客家や閩南《びんなん》人（もしくは福佬《ふくりょう》人）を本島人と呼びました。

漢族が移り住む以前から住んでいた人々は「原住民」と呼ばれました。「原住民」には平地で漢族と同化した人たちと、漢族により山に追われ同化しない人たちがいました。「原住民」と同じような意味合いの「先住民」という言葉がありますが、台湾では先住民は既にいなくなってしまった民族を指し、原住民は元々居住していた民族という意味で使用されています。台湾政府は「原住民族」を公的に使用し、本人たちも原住民と自称しています。そして統治者としての日本人のことを、本島人に対して「内地人」と呼びました。日本統治下の台湾の教育は、本島人、原住民、内地人別に行われ、教育制度にはこの三系統がありました。インタビューにおいて、話者の方々もこの言葉を用いていますので、本書もそれに倣うことにします。

2　公学校・教育所・小学校

日本による統治が始まる前の台湾は、清朝の教育制度のもと、台南・台北などの都

○コラム・1

漢族――客家・閩南人（福佬人）

漢民族（漢人）は中国全人口の約九割、世界の人口の約二割を占めます。漢民族の集団の一つである客家は戦乱から逃れるために集団で北方から南下移住を繰り返し、先住者から「客の人々」と呼ばれたことに由来します。台湾総統の李登輝や蔡英文、音楽家の鄧雨賢らが客家出身です。

閩南人（福佬人）は漢族のミン族の支族の一つで、主に福建省閩南地方からの台湾に移住した人々です。そのことから「福建省人」と呼ぶこともあります。

市には官立公立の府儒学、各県には県儒学・書院などの教育施設、都市部も含め台湾の各地に義学・社学・書房といった私立の教育施設がありました。書房は日本の寺子屋のようなものと説明されますが、寺子屋は庶民の子どもが読み書きの手習いをするのに対し、書房は科挙など官吏登用試験をめざす上級教育機関への進学をめざすための初歩的な学びをする点で大きな違いがありました。

植民地統治が始まり、一八九五（明治二八）年六月、台湾総督府は民政局学務部を台北の郊外、芝山巖《しざんがん》に設置して学堂を置き、芝山巖学堂としました（写真1）。この時、学務部長心得になったのが伊沢修二[*1]でした。翌年、伊沢は国語伝習所と国語学校を設立し、本島人の教育を開始しました。日本国内の小学校に相当する学校を公学校とし、一八九八（明治三一）年には台湾公学校令を公布しました。そこには「徳教ヲ施シ実学ヲ授ケ以テ国民タルノ性格ヲ養成シ同時ニ国語ニ精通セシムル」と記されています。本島人の子どもたちを、国語教育を中心として日本精神を徐々に浸透させようとするもので、言語同化主義ともいいます。原住民の子どもたちへの教育もほぼ同時期から開始されました。

内地人の子どもたちへの初等教育は一八九七（明治三〇）年六月、国語学校第四附属学校を設立したことから始まりました。軍政が終了し、役所に勤務する役人や民間人に妻子同伴を勧めるに際し、子どもの教育を保証するためでした。国語伝習所や公学校に小学科を特設し、後に小学校としました。

本島人と内地人とは終戦まで別学が基本でしたが、一九二二（大正一一）年の新台湾教育令後、中等学校以上では内台共学が進められ、小学校へは学習に支障がないと認め

写真1　現在の芝山巖恵濟宮。ここに学校を置いて芝山巖学堂としたことから、台湾教育発祥の地となりました（二〇一四年一月、筆者撮影）

＊1　伊沢修二（一八五一―一九一七）
長野県高遠生まれ。明治時代の教育者。大学南校に学び、その後文部省入局。一八七四（明治七）年に愛知師範学校長、翌年、師範制度など調査のために第一回公費でのアメリカへ留学。帰国後、東京師範学校長、音楽取調掛などの要職に就き、音楽教育、体育教育などの明治期の教育全般の開拓者になりました。

られた、ごく一部の本島人児童が編入学しました。小学校での本島人児童の割合は三分の一を限度としましたが、*2 一〇パーセントを満たさない期間が長く続きました。真に同化教育を推進するのであれば、本島人児童の割合が増加してもよかったはずです。一九三七（昭和一二）年の日中戦争開始後は一層の日本人化をめざす皇民化教育が推進され、本島人の信仰する宗教施設の撤去をはじめ、公学校では漢文科授業を廃止しました。一九四一（昭和一六）年、内地と同じ国民学校令により小公学校は国民学校に統合され、二年後に義務教育となりました。

小公学校とは別に、総督府警察関係部署は明治末年に山間部に住む原住民の子どもたちのために教育所という初等教育機関を設け、終戦まで運営しました。山地は安全が十分でないため、教員経験のある警察官が担当することが多かったと言われています。

台湾総督府編『台湾統治概要』（昭和二〇年発行）によると、終戦時の国民学校は一〇九九校（官立七校、公立一〇九二校）あり、旧小学校の国民学校は一五五校、旧公学校の国民学校は九四四校でした（巻末の資料2参照）。内地人の就学率は九九・六二パーセント、本島人（含原住民）七一・三一パーセントでした（図1）。また、教育所は一八〇校（昭和一七年）で、就学率は八六・三五パーセント（昭和一六年）でした。第二次世界大戦期に植民地下にあった国での初等教育の就学率は台湾が一番高かったと言われています。

3 社会教育・国語講習所

国語（日本語）普及は学校だけではなく、国語講習所という社会教育施設も大きな役を担いました。公学校教育を受けられなかった本島人を対象に、国語や修身など

*2 本島人児童の割合
「三分の一を限度」と総督府からの通達がありました。

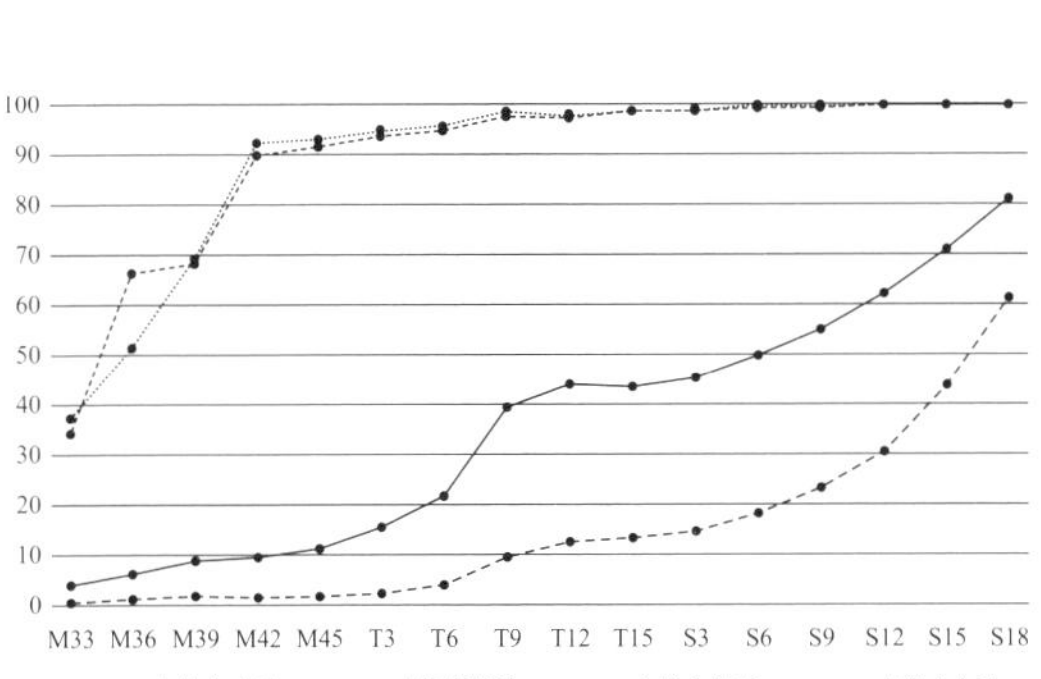

図1 統治期の初等学校就学率の変遷（%）
「台湾総督府学事年報」「台湾の教育」「台湾省五十一年来統計提要」を元に、三年おきに数値をとり作成。年次により本島人に原住民の数値を含む。

の教育を行いました。目的は国語を通して日本精神を涵養《かんよう》することでした。国語講習所は無料の社会教育施設で、一九三〇年代から設置され各市街庄により公学校や部落（村）会などがその運営に当たりました。開始年は八七三ヶ所でしたが、一〇年後は一万六〇〇〇ヶ所近くに増え国語普及を目指しました。

台湾総督府は学校教育と社会教育の場で国語を普及させ、同化教育や皇民化教育を推進しました。このような日本の植民地教育政策に対して奴隷化教育、愚民化教育と評する研究者もいます。国立台湾師範大学の呉文星《ごぶんせい》名誉教授は、植民地教育の基本は差別と同化であったと述べつつ、「台湾を二言語併用社会にしたが、日本語の学習を通して同化されることはなかった。しかし、日本語を通して西洋の科学技術や文化、衛生観念などの近代的知識を吸収する主要な道具となった。五〇年間の教育インフラは戦後の台湾教育の発展に無視はできない」と指摘しました。こうした評価は、研究者の立ち位置によってさまざまです。

自身が公学校教育を受け、戦後、日本に帰化した杏林大学の伊藤潔教授は「教師は使命感が強く人格的にも優れ、敬愛と信頼を集めていた。今日の台湾人年配者に多く見られる親日感情は、これら日本人教師の存在に負うところ大である」と述べました。本書でも大勢の方が先生との思い出を語っています。

二～四節では、話者が使われた言葉や言い回しを出来るだけ忠実に再現しました。例えば日本による植民地統治期の時期を、現在の台湾では日本時代、日治時代などと呼びます。同一話者がいろいろな言い方をしていますが、統一せず話者の言葉をそのまま使用しました。わかりにくいと思われる箇所や西暦表記の追加については、筆者

○コラム・2

内台共学の問題

本島人の子どもを増やさなかったことについて、本島人の子どもは内地人の子どもより年長者が多く、体力もあることが多かったようです。そのため、内地人の子どもが劣勢になることを現地の教員らが危惧したのではないかと予想します。

○コラム・3

奴隷化教育、愚民化教育

奴隷化教育とは、為政者が統治下の人々に権利や自由に制限があることを受け入れさせる教育。愚民化教育とは、為政者が権力を維持強化するため、統治下の人々に政治意識を持たせず、支配者の言いなりになるよう仕向ける教育。鄭在哲は『日帝時代の韓国教育史』で、台湾や韓国など東アジアでの日本による植民地教育の目的は「植民地民族の愚民化と奴隷化」と指摘し、斉紅深は『「満州」オーラルヒストリー〈奴隷化教育〉に抗して』で、満州での事例を紹介しています。

の責任で（ ）に言葉を補いました。
なお、古慶瑞《こけいずい》さんと曽秀香《そしゅうか》御夫妻は新竹《しんちく》県芎林《きゅうりん》郷、葉崑玉《ようこんぎょく》さんと陳玟珍《ちんぶんちん》さん御夫妻は台南市のご自宅にて話を伺いました。調査時、古さんご夫婦は八七歳、葉さんご夫婦は八三歳でした。日本人と日本語を話すのは久しぶりと言いつつも、戦後六〇年以上も経ても普通に日本語を話されたことに驚くばかりでした。

二　本島人の少年少女

1　師範学校を出て教師になった古慶瑞《こけいずい》さん

（1）古家の養子となる

大正一五（一九二六）年九月二九日、張家の八男として（戦前の）新竹州の田舎に生まれました（台湾全図参照）。男八人兄弟の八番目で、生まれて四〇日目に古家の養子になりました。すぐ上の兄は慶七郎で、（八番目の私は）慶八郎になるのですが慶瑞になりました。私たち客家《はっか》人は、大陸から台湾に来るのが遅かったので、平地ではなく山の多い地方に住んでいます。

戦争中、僕は祖先の姓を変えませんでした。知識階級、役場、先生たちは率先して改姓名*をしました。学校にいましたが古の（姓の）ままを通しました。私と養父との関係は（戸籍に）螟蛉子《めいれいし》と書いてありました。螟蛉子は青虫のことで、ジガバチが青虫を養い育てて自分の子とするということからつけたようです。

○コラム・4

六氏先生の芝山巌精神

一八九六（明治二九）年一月一日、伊沢が上京中、日本統治に抵抗する土匪（抗日戦闘員）約一〇〇名が芝山巌を襲撃し、六名の学務部員と陸軍通訳一名が殉職しました。この事件を芝山巌事件と言います。治安悪化の中でも芝山巌を守ろうとした台湾教育に対しての精神は「芝山巌精神」として語り継がれました。その後、台湾教育関係者は芝山巌を「台湾教育の聖地」と呼ぶようになりました。

＊改姓名
本島人姓名を日本式姓名に改めさせた政策。許可制で強制はありませんでした。また、「螟蛉子」は当時の戸籍で一般的に使用されていた言葉です。

(2) 苓林公学校に入学

八歳の時に田舎から苓林庄高梘頭《こうけんず》に引っ越しました。苓林公学校に入学したのは数えで八歳でした。実年齢は六歳です。ただ、この頃は必ずしも六歳で（公学校に）入学ということはありませんでした。自宅から学校までの距離が長ければ片道一～二時間は歩かねばなりません。六歳の子どもが毎日往復二～四時間も歩くためには体力がなければ通えません。ですから八歳入学でもおかしいことはありませんでした。入学した時、私は全く日本語を知りませんでした。

一年生から四年生までは本島人の鄭述古《ていじゅつこ》先生でした。宿題をやらない者出てこいと、衣服の上から尻をたたいたりする体罰がありました。公学校で初めて五〇音の勉強をして、三年生で日本語の会話が出来るようになりました。四年生の時に教室に学級文庫が置かれていて、童話や昔話を沢山読みました。五、六年の時、先生は鹿児島出身の杉村健先生で、先生は家族全員で台湾に来ました。先生は私を可愛がってくれました。台湾では日本人の先生は六割加棒[*1]というのがありました。同じ学校を出て同じ年齢で同じ学校とか役所に就職すると、台湾人の本棒が一〇〇円とすれば、同じ仕事で日本人は一六〇円でした。日本時代[*2]にはこういう不公平がありました。六年生の時に支那事変が起こりました。兵隊さんに慰問文を書くことになりました。その時、小学館の雑誌に投稿したら第四番目に載りました。そして、小学館から戦車の形をした貯金箱をもらいました。

六年になると中学進学のための勉強をする公学校もありましたが、私たちの学校の生徒（の家）はみな貧乏でしたから進学希望者はいませんでした。受験しても台湾人

＊1　六割加棒
「加俸支給細則」の法令により優秀な人材を集めるために外地勤務手当として日本人官吏に支払われた本俸割増制度。

＊2　日本時代
台湾が日本植民地統治を受けていた時期の言い方。日本時代、日治時代、日拠時代、日本統治時期、日本植民地統治時期などがあります。

○コラム・5
公学校より書房
一八九八（明治三一）年に国語伝習所が公学校に改編されました。初年は島内五五校でした。清朝期の台湾には、書房という読み書きを教える私立の施設がありました。長く書房での学びが続いていたので町の人々は書房や書房教師を信頼していました。そのため公学校を開校しても児童は中々集まりませんでした。漢文を教えることもなく、日本語の教育を受けても活かせる機会もまだなく、日本の教育を受ける利点は見出せなかったのです。

は一〇人に一人くらいしか受かりません。これも不公平なことでした（巻末の資料3参照）。

（3） 苓林農業専修学校から台北第二師範学校へ

私たちの苓林公学校には郡に一つしかない農業専修学校[*3]がついていました。公学校卒業後、農業知識を二年間学ぶ学校でした。この学校に入る生徒はほとんど農家の子どもでした。私たちの上の学年は、専修学校に生徒が八人しかいなかったのです。下の学年も八人だと、二学年で一六人。積極的に生徒募集をしないと、廃校になるかもしれないと、地域の先生方が慌てて生徒を勧誘しました。そのため私はこの学校を受験することになりました。農業専修学校は、お金はかからないし[*4]、男女合わせて二十何名の生徒が受験して全員合格しました。

農業専修学校は公学校高等科[*5]と同等の二年間の学校です。学科は国語、数学、園芸、蔬菜、作物の植え方や稲の品種等について学びました。午前は学科、午後は野菜や稲の栽培などの農業実習がありました。二年生終了の時、台北第二師範学校[*6]（以下、師範）から三年生講習科の学生募集がありました。私たちの学校からも七、八名が受験し、私だけが合格しました。

師範は全員寮生活で、北寮は日本から来た生徒、南寮は湾生[*7]の内地人と本島人。もめごとがあって北寮の上級生がストライキをしました。あの時、中心になったのは山中貞則[*8]さんでした。師範では小遣いが二〇円もらえました。しかし、内地生は三〇円です。食費は同じ料金だったと思います。こんなところにも日本人と台湾人との差別

＊3 農業専修学校
一九二二（大正一一）年の新台湾教育令時、小公学校卒業生を対象にして設立された二年制の実業補習学校の一つ。

＊4 授業料
台湾では統治期間中、本島人内地人に関係なく授業料が徴収されました。苓林農業専修学校を存続させるために郡が授業料を支出していたのかもしれません。

＊5 公学校高等科
公学校に設置され、二年制でより高度の初等普通教育をめざしました。

＊6 台北第二師範学校
一八九五（明治二八）年に設置された芝山巌学堂から始まりました。初等学校の教員を養成しました。

＊7 湾生
台湾で生まれ育った日本人。四節の松田さん、高橋さんは湾生です。

＊8 山中貞則（一九二一―二〇〇四）
鹿児島県出身の政治家。台北第二師範学校卒業後、高雄州屏東里港国民学校訓導。戦後、環境庁長官、防衛庁長官等を歴任。

がありました。台湾人は二等国民と言われましたが、僕らに責任はないし、どうしようもなかったです。専修学校では実習が多かったので教科学習が少なく、学力がついていなかったことが私にはわかっていました。そのため本当に一生懸命勉強しました。

（4）　母校芎林公学校に奉職、そして戦争激化

昭和一九年三月、母校の芎林公学校（以下、学校）に教員として戻りました。六年生の組は三浦先生で学年主任。い組は男組[*1]、ろ組は男女組、は組は女組。私はろ組の担任でした。学校には鄧雨賢《とううけん》[*2]先生という、台湾中に知られていた有名な音楽の先生がいました。しかし、生徒たちにはとても厳しく恐ろしい先生でした。音楽が専門で、できない生徒にはドレミファソと頭を叩くのです。この頃、公学校高等科や農業専修学校一年二年の生徒を、内地の海軍の飛行機製造工場の少年工[*3]として日本に送りました。日本に行って飛行機の工場で働きながら学べば三年で中学校の資格がもらえるという約束でした。しかし敗戦でその約束が果たされなくなりました。

台湾人の徴兵制は昭和二〇年からでした。徴兵制の代わりに警備召集というのがありました（四節参照）。二〇歳になっていない人が軍から呼ばれるのです。派出所が強制的に海軍へ志願させることもありました。私にも派出所から通知が来ました。台湾は警察政治[*4]などといいました。私たち台湾人を管理する最前線が派出所だったからです。個人の権利や家族のトラブルも警察が取り仕切りました。警察官の姿を見るだけでも怖いので、見ると皆、家に入ってしまいました。

＊1　男組
戦前の初等学校での男子児童のみによる学級編制。女組は女子のみ、男女組は混成でした。

＊2　鄧雨賢（一九〇六―一九四四）
公学校教員を経て日本に留学し作曲を学びました。帰国後『雨夜花』『望春風』等を作曲し、台湾歌謡曲の父と呼ばれています。

＊3　少年工
太平洋戦争末期、国内の労働不足を補うために、神奈川県大和市の高座海軍工廠等に集められた約八四〇〇名の台湾少年。

＊4　警察政治
住民を管理支配する末端機構が派出所（交番）の警察官であったことから言われました。犯罪が少なく戦前の台湾社会生活の安心安全を促進したという指摘もあります。

＊5　台北高等学校
戦前、外地に設立された唯一の旧制高等学校。尋常科四年、高等科三年の七年制高等学校。

（5）　警備召集で桃園へ

昭和二〇年四月一日に警備召集の令状が届き、一五日に集められました。そこには学徒兵といって中学校三年以上の生徒も集められていました（四節参照）。私は台北高等学校[*5]の生徒と桃園（台湾全図参照）の海岸にある迫撃砲隊に回されました。五、六人一組で海の近く公園や山の中で訓練しましたが二ヶ月くらいしたら戦争が終わりました。八月一五日に終戦についての玉音放送がありましたが、兵卒の私たちがラジオを聞くことはありませんでした。日本が負けたことは後で知りました。

（6）　最高の奨励賞である師鐸奨受賞

九月に入り、中国語国歌の練習や北京語講習会が始まりました。校長先生は大陸からきた中国人の先生になり、一一月一九日に学校接収典礼式が行われました。先生たちは、午前中は生徒に授業をして、午後は先生たちが集まって北京語を習う。前日の午後習ったことを、明くる日の午前中生徒に教える、その繰り返しでした。学校で同僚だった曽秀香《そしゅうか》と二二歳の時に結婚をしました。

長い教員生活のなかで嬉しかったことは、台湾の教育界で最高の奨励賞である師鐸《したく》奨《しょう》をもらえたことです。科学教育として蝶々の研究を学校主催でやり、全県から教員が集まりました。そういうことが認められたのだと思います。四五年間の教員生活で七年間が他所の地方、三八年間は生まれ故郷の芎林。自分の故郷のために尽くしたと思います。

〔調査日　二〇一三（平成二五）年一一月一四、五日〕

○コラム・6

公学校は兵士養成？

書房では『三字経』『論語』などの漢籍の暗唱を中心にした学習が行われていました。公学校では国語や算術などの他、音楽や体操もありました。長く儒教思想の下にあったので唱歌は品がない、体操での行進は兵隊のための訓練で日本に連れて行かれる等の噂も広がり、公学校での新しい教育は受け入れてもらえませんでした。

写真2　芎林国小戦後第一回卒業式。最後列左から六人目が古慶瑞（個人蔵）

（7） 古慶瑞さんの話を聞いて

古慶瑞さんは戦前の初等学校教員養成の本流といえる師範学校を終えて母校に戻りました。しかし、師範学校では内地人と共に過ごすことで、これまで経験しなかった差別という現実に直面しました。「台湾人は二等国民と言われましたが、僕らに責任はないし、どうしようもなかったです」と話す場面は、いくら努力しても乗り越えられない高く厚い壁に対する本島人の苦悩がにじみ出ていて、何回読んでも胸が締めつけられます。そうした苦悩を当時の多くの本島人の方々は抱いていたのです。しかし、戦後、勤勉に教師経験を積み、台湾の教育界で最高の奨励賞である師鐸奨を受賞され、母校の校長も務めました。どんなに誇らしかったことかと思います。故郷に錦を飾るとはまさにこのことです。

2 早稲田大学通信講義録で学んだ曽《そ》秀《しゅう》香《か》さん

（1） 生い立ち・先祖について

大正一五（一九二六）年一一月一五日、新竹州芎林の大年堂、曽家に生まれました。大年堂とは、私の父の漢薬店の名前です。母の兄が店を開いて、父も一緒にやっていました。父は漢方医として患者さんを観察[*1]して店の薬を出します。兄弟は兄が二人、姉が四人、妹が一人。八人兄弟の七番目でした。

曽家についてお話しします。二〇〇年前、私の曽祖父は清朝時代の太平天国の乱[*2]の首領、洪秀全《こうしゅうぜん》の参謀で、洪秀全に追従して戦死しました。清朝の追討をさけるため、一人息子の祖父は叔父と一緒に台湾に逃亡し、新竹州新埔《しんぽ》に落ち着き、漢薬店を経営し、

＊1 観察
西洋医学では診察と言いますが、漢方医学では観察と言うこともあります。

＊2 太平天国の乱
清朝一八五一年、宗教結社上帝会の洪秀全が、キリスト教の信仰を基にした太平天国によって起こした大規模な反乱。

○コラム・7

先生が児童集め

学校の歴史を記録した『学校沿革誌』という文書が、台湾各地の旧公学校に残っています。台南第二公学校『学校沿革誌』には、新年度が近づくと先生や地域の有力者たちが、子どものいる家を訪問して入学をお願いして回ったことが書かれています。しかし公学校教育の良さがわかると、定員人員以上の入学希望者が出るようになりました。元々教育熱心な土地柄でしたので、漢文の時間を増やして欲しい、書房のように長く子どもたちを預かって欲しい等の要望が学校に寄せられました。

新生活を開始しました。

父や兄二人も漢方医でした。今、五代目になり、甥や息子、孫たちも医療方面の職についています。父は日本統治時代の最後の漢方医の試験で合格したあと、新竹県内を転々として芎林に落ち着き、私たちは皆、ここで成長しました。子どもたちに簡単な『三字経』を教えていました。父は時々私たちに「世事譲三分《せじさんぶゆずれば》　何等清閑也《なんらせいかんなり》」と諭しました。「世の中のことは人に三歩譲れば、とても楽になる」という意味です。

(2)　芎林公学校入学

地元の芎林公学校に昭和八（一九三三）年四月に入学しました。公学校での思い出では、二年から六年まで女組で成績は一番だったことです。でも体育は（甲乙丙の）乙[*3]でした。一、二年の先生は台湾人の劉徳彩《りゅうとくさい》先生でした。学芸会や舞踊では、先生にほめられて動作のお手本を見せたりしました。三年生の秋、ＮＨＫ台北放送局[*4]での舞踊大会に出ました。シャボン玉の歌を私が歌って、皆が踊りました。ラジオのある家庭に皆集まって聞いてくれました。

四年生の時の担任は日本人の池田貞子先生でした。やさしくて色白のきれいな先生でした。終戦後も手紙のやりとりをしていました。昭和四四（一九六九）年八月に台湾に来られたので同窓会を開きました（写真3）。担任の先生ではありませんでしたが緒方萩子先生も大好きで、学芸会の時などいろいろ教えてくれました。池田先生や緒方先生の家へ行って練習していました。先生は私の家の近くに住んでいたので、先生の家に泊まって、朝早く家へ帰って、それから学校へ行くこともありました。

写真3　池田貞子先生訪台同窓会。前列中央が池田先生、その右隣が曽秀香、最後列の一番左が古慶瑞。（一九六九年八月、個人蔵）

＊3　乙
明治期から昭和十年代の学期末の「通信簿」などにつけられた成績評価。甲乙丙丁は甲が成績上位、丁は下位。

＊4　ＮＨＫ台北放送局
正式には台湾放送協会。一九三一（昭和六）年二月、台北市に設立された台湾総督府管理下の放送局。建物は現在、二・二八事件の資料館として公開されています。

学校の行事では運動会や学芸会がありました。運動会ではかけっこや舞踊もしました。学芸会では歌、劇、昔話などです。浦島太郎とか、こぶとり（じいさん）。三年生の時はシャボン玉の歌、四年では池田先生がオルガンを弾いて私が独唱をしました。

（3）「早稲田大学通信講義録」で独学

公学校卒業後、私は女学校に進学したかったのです。しかし父が胃の病気をしていたのでお店が良くなくて、兄さんも進学できないので、あきらめなさいと言われました。半年間は姉の家で、洋裁でミシンを使う基礎を習いました。

兄さんを見習い、「早稲田大学通信講義録」[*1]を受けました。卒業試験の前、大東亜戦争[*2]が始まり卒業試験は受けられず、卒業証書はもらえませんでした。それがとても残念でした。終戦後、家が火事で燃えてしまったので、そのころの教科書などはなく、ただ一つ残った会員証（写真4）だけが宝物になっています。終戦後、二人の兄さんは中医師[*3]に合格しました。再び大年堂を開くことができました。

（4）託児所保母から芎林公学校助教へ

戦争が始まると日本人の先生は兵隊に召集されたため、先生が足りなくなりました。公立存仁《ぞんじん》院託児所の保母の募集があったので私は応募しました。簡単な試験もあり、保母になりました。一六歳の時でした。託児所へは公学校入学一年前の子が入ります。幼稚園と同じです。そこには公学校で担任だった劉先生の奥さん、何味妹《かみまい》先生がいらっしゃいました。芎林で唯一の台北第三高等女学校[*4]出身の先生でした。優しくて優秀な

*1　早稲田大学通信講義録
一八八六（明治一九）年から一九五六（昭和三一）年まで行われた早稲田大学による通信教育。

*2　大東亜戦争
日中戦争、太平洋戦争についての戦前の日本側の呼び方。

*3　中医師
中国の伝統医学の医師。ここでは漢方で治療を行う医師資格を言います。

*4　台北第三高等女学校
台湾初の女子高等普通教育機関。一八九七（明治三〇）年、本島人女子のために、国語学校第一附属学校に女子分教場が附設されたことから始まりました。現在の台北市立中山女子高級中学です。

写真4　早稲田大学校外生之証（個人蔵）

先生で、芎林公学校に勤めてから結婚しました。子どもが生まれて休み時間に哺乳（授乳）していたことがわかり、校長から無理矢理に辞めさせられました。

昭和一六（一九四一）年から国民学校が始まりました。国民学校の先生も足りないので、芎林公学校の近井校長の推薦で、新竹州臨時教員講習会で三ヶ月講習を受け一番で卒業しました。修了式の後、母校に戻ることを希望し一九歳の時、芎林国民学校の助教[*5]になりました。月俸三〇円でした。ここで師範（学校）を出て訓導[*6]になっていた古瑞慶先生と同僚になりました。あの時代、女性は職業に就くことが難しかったのです。女の人にあう職がありませんでした。女学校を出ていれば、学歴があればと思いました。教員になってからは、担任だった池田先生みたいになりたいと思っていました。

改姓名の奨励はありましたが強制はなく、改姓しなくても制裁はありませんでした。しかし改姓名をして国語家庭[*7]になると配給が余計にもらえました。終戦前後に、先生方のお給料が最後の一回だけ六割加俸になりました。日本の先生もまだ離れていない八月だったと思います。その後は、終戦の混乱で何ヶ月も給料がもらえませんでした。

(5) 日本時代の先生

日本時代の先生は環境と衛生を重視していました。教室の黒板の白墨の粉は綺麗に拭き、机や教壇は湿った雑巾で拭きます。花壇にはいつも綺麗な花が咲いていました。戦後、中国から来た人たちは衛生を重視しませんでした。月日が経つにつれ、台湾人にならって衛生を重視するようになりました。

＊5・6 助教と訓導
国民学校教員資格のひとつ。

＊7 国語家庭
皇民化運動期の本島人への日本語使用奨励制度で、家族全員が国語（日本語）を話すなどの条件がありました。

日本人の女の教師は皆淑やかで、服装はきちんとしていました。今でも一般の人々は、そのようなタイプの女性を見ると、日本人のようですねと褒めます。日治時代は毎学年、修身の教科書があり人格育成によい影響がありました。お金持ちでも、学問が高い人でも、もし道徳が無ければ人格はゼロです。

（6）　教育を終身事業として全精神を

終戦後、教育行政当局が、師範学校を出ていない教師の資格向上のために、夏休みに講習会を設けました。私は夏休みや冬休みに新竹師範学校へ通い、試験に合格して資格を取りました。古先生と結婚して子どもが生まれると、実家の母が、休み時間に子どもをおんぶして学校の休憩室に連れてきてくれました。そこで私は哺乳しました。日治時代のように校長から強制的に辞職させられることはありませんでした。

終戦後の一学級の生徒数は七〇名に達し、教室は学習用の机や腰かけ（椅子）で一杯に詰まっていました。それも朝から放課後まで一人の教師で教えていました。生徒の学習帳などは家に持ち帰り、夜、一冊一冊検査して誤りを直しました。昔の教師は教育を終身事業として全精神を打ち込みました。

一九九三年に、ここに引っ越しました。清い空気と静かな環境が好きです。もう特別な計画や希望はありません。ただ子孫がみな平和な国土に住めて、天の神様が各自に賜った土地で健やかに、全世界の人が皆助けあって、幸福に生きられるようお祈りするだけです。

〔調査日　二〇一四（平成二六）年六月二四、五日〕

写真5　古慶瑞・曽秀香夫妻。（二〇一三年一一月、筆者撮影）

（7）曽秀香さんの話を聞いて

曽秀香さんは経済的な事情で進学できませんでしたが、教員不足のために託児所保母、国民学校教員になりました。「早稲田大学通信講義録」で学びを続けられたように、真面目に勤めを果たされていたことが認められたのだと思います。

古さんを教員養成の本流とすれば、失礼ながら曽さんは傍流としての教員資格取得でした。師範学校を卒業しなくても、講習会や検定試験などで教員資格を得ることができ、資格があれば待遇の差はありませんでした。努力すれば道は開かれていたのです。そして戦後、正規教員資格を取得しました。台湾社会全体が大混乱し、教育制度も改編される中での苦労は並大抵のことではなかったと思われます。教育への思いだけではなく、戦時期の教員採用事情や本島人教員への六割加俸の実施など、貴重な話を聞くことができました。

3　名前が四回も変わった葉崑玉《ようこんぎょく》さん

（1）生い立ち――曽祖父は秀才

私の（崑玉という）名前は祖母がつけたそうですよ。中国の『千字文《せんじもん》』という本の中に入っている名前らしいです。学校に入学しましたら、担任の倉田俊男先生が玉というのは女らしい（女みたい）と言い、崑一に変えたのです。でもそれでは戸籍上合わないのでまた崑玉に変えました。その後、父が台南州庁におりましたので改姓名を勧められて葉山義雄になったのです。それが四年間続いて、戦後また葉崑玉に戻りました。向こう（中国大陸）で大学教授をされていた先生が台南二中の教員として来たので、崑玉の名前に

○コラム・8

修身教育の目標

一九一三（大正二）年、台湾総督府は『公学校修身書』刊行に伴い『台湾公学校教科書編纂趣意書第一篇』を発行しました。国内同様に修身を筆頭教科に置き、修身教授根本要旨の第一を「国民精神の涵養」としました。以下、従順、誠実、勤労を示し修身教授の四大綱領に定めました。これらを文章化すれば「上の者の言うことに素直に従い、真面目に働く日本の子どもに育成」する、となるでしょうか。台湾総督府にとっての植民地下の理想的児童像と言うべきものでした。

ついて聞きましたら、男の名前だと言われて納得したものです。

昭和五（一九三〇）年一〇月二日生まれです。今、住んでいるこの建物の隣の家で生まれました。ずっと台南（台湾全図参照）育ちです。曽祖父は秀才[*1]で日本時代の（学校の）先生の資格を持っていた漢方医でした。祖父は近くにある台南病院で養成を受けた西《せい》医《い》[*2]でした。日本時代にそういう養成施設があったのですが正式な名前はわかりません。父は公務員でした。州庁にいて給料五〇円だった時、同じ仕事をする同じ年齢の日本人には六割加俸三〇円増しで八〇円だったのです。私がどうしてそんなに差があるんですかと聞いたら、そういうもんなんだよと父が言ってね。羨ましかったし、悔しさもありました。

（2）台南市末広公学校入学

私は昭和一二（一九三七）年四月に台南市の末広公学校[*3]に入学し、昭和一八（一九四三）年三月一五日に卒業しました。一年二年の時の担任は日本人の倉田先生。私のまわりの友だちはみんな勉強もしない、本も読まないので倉田先生は怒ったことがありました。「この教科書を暗誦できる人はおるか」と倉田先生が言った時、私はできると言って暗誦したのです。そうしましたら、倉田先生は私のことを褒めて、認めてくれたのです。それが大変嬉しくて、一番思い出に残っています。

四年生までは普通に学校で勉強しました。昭和一六（一九四一）年に五年生になり、この年から太平洋戦争が勃発しました。八歳ころまでの遊びの思い出では、警察と泥棒、ガラス玉、メンコ、凧上げなどしました。一〇歳くらいから紙飛行機、素手での野球でした。

＊1　秀才
中国の科挙（官吏登用試験）の科目の一つ。清末では府・州・県の在学生。後に科挙合格者を指しました。

＊2　西医
漢方医に対しての西洋医のこと。

＊3　末広公学校
一九一九（大正八）年創立。創立時は台南市第三公学校、現在の進学国民小学。

写真6　台南二中入学記念（個人蔵）

（3）台南第二中学校入学

公学校を卒業した昭和一八（一九四三）年四月に台南第二中学校[*4]に入学しました（写真6）。本島人が多い学校でした。中学入学試験は国語と数学の二教科でした。

中学校では英語があったのですが、敵国語だったから英語は話してはいけないということだったのです。英語は終戦後になって初めてしっかりと勉強した。その間は独学でした。でも、台南商業学校は南洋派遣学校だったから教えられていたとか言う人がいます。

（4）教練と勤労奉仕の中学生活

中学校に入学すると日曜日無し、冬休みも夏休みもなどもなし。毎日が勤労奉仕で遊ぶどころではありませんでした。その後は空襲、爆撃に遭った。毎日、教練[*5]でした。教練はもう毎日本当に大変でした。教練で銃を持たされたんです。村田銃[*6]だった。どこどこ集合なんて言われて、学校から駆け足で安平[*7]まで行ってまた駆けて帰ってくるんですよ。学校から安平まで五キロくらいあるんですよ。

学校に行く時は、脚にゲートル[*8]巻いて行くのです。班長さんの家の前に行って、班長さん来たら、一〇人くらいで皆で一緒に整列して行くのです。団体行動なのです。中学校は軍隊式の教育でした。二中での思い出深いことは班長になぐられること、責任をおわされることでした。

作業と言えば、空が真っ赤に見えるくらい、そこまで皆、無理させられた。高雄市（台

＊4　台南第二中学校
一九二二（大正一一）年四月、台湾南部に初めて本島人男子を主とする中学校として開校。一九一四（大正三）年五月には内地人男子を主とする台南第一中学校が創立しています。

＊5　教練
軍事教練のこと。一九二五（大正一四）年以降、中等学校以上の学校にて、陸軍将校指導によって行われた。

＊6　村田銃
一九世紀末、薩摩藩士の村田経芳によって考案された小銃。

＊7　安平
オランダ統治期の遺構が残されている台南郊外の街の名前。

＊8　ゲートル
日本陸軍の下級兵士が、膝下から足の甲までを包帯状の細い布を巻いて脚絆としたもの。

湾全図参照）の北に岡山飛行場で退避壕掘りやタコツボ掘り[*1]もやりました。今の台湾空軍軍官学校ですよ。朝から一日中、ちいさな水筒一つしかなくて中の水は空っぽになると、喉が渇いてね。作業が終わるとトボトボ歩いて帰るんですよ。飛行場からは何キロぐらいあったのかなあ。何時間も歩いて帰ったんです。

勉強はしないで教練ばかりでしたから、まあ身体は鍛えられたね。『戦陣訓』[*2]なども読まされました。中国の『毛沢東語録』[*3]みたいなもんで、東条英機[*4]の書いた「ひとつ、軍人は忠節を尽くすを本分とすべし」なんて暗誦させられた。お昼の弁当食べる前に読むんです。弁当は先生も一緒に食べていましたね。みんな梅干し一個の弁当でした。そのあと教練でしょ、食べて一時間もすれば腹ぺこですよ。

（5）　一等国民、二等国民、三等国民

日本人は一等国民、改姓した本島人は二等国民、改姓名しない本島人は三等国民と呼ばれた。食料が不足してきたので配給制になった。日本人は一等制で配給の時の量や質に違いがあった。私の家は改姓していたので二等制だった。

昭和二〇（一九四五）年三月から、台南で空襲が始まるようになりました。午前九時、一〇時に空襲警報が出ると、生徒はみな喜びました。家に帰れるのですよ。二〇年の三月一日、中学三年の時に台南大爆撃がありました。B24大編隊が絨毯爆撃をしたのです。川にそってB29が飛んでくるんです。空中戦をやるんです。飛行機がバタバタ落ちてすごいもんですよ。やられたのは米軍の飛行機かと思ったら日本の飛行機だった。それまでは日本は勝つ、日本の飛行機は絶対に落ちないと教えられていた。それ

＊1　タコツボ掘り
戦時中、敵の攻撃から身を守るために掘った穴や溝のこと。個人用の小さなものはタコを採る壺に似ていたためタコツボと呼びました。

＊2　『戦陣訓』
一九四一（昭和一六）年一月に東条英機陸軍大臣が陸軍兵士に向けた訓諭。

＊3　『毛沢東語録』
中華人民共和国を建国し、中国共産党中央委員会主席になった毛沢東の著作から抜粋された短文を集めた語録。『毛主席語録』とも言われています。

＊4　東条英機（一八八四―一九四八）
東京生、軍人、政治家。関東軍参謀等を経て、陸軍大臣、首相。

＊5　二・二八事件
一九四七（昭和二二）年二月二八日、台北市で起こった外省人と本省人との衝突を因に、全土に拡大した騒乱。その後大学教員や弁護士などの本省人知識人が多数虐殺されました。

がバタバタと落ちるのを見て驚いたです。

（6） 終戦、無政府状態

八月一五日から無政府状態だったです。でも治安はよかった。大陸から来た軍隊はもうボロクソだったです。制服も汚かったし規律も悪かった。日本時代の軍隊、規律は整っていたと思う。大陸からの人が来て治安が悪くなった。二・二八事件*5で人を殺すんですよ。出る杭は打たれる（と、いう言葉が）頭に残っている。向こうの軍隊はベンベンと私たちに向けて鉄砲を撃つんですよ。だから私はずっと名刺は作らないです。会った証拠が残るわけでしょ。だから名刺は渡したくなかったんです。私の友達は一〇年間緑島の監獄*6にぶち込まれた。警察のブラックリストに載っていたんだと思う。中学の中に警察の車がくると、友だちの誰かが捕まった。

（7） 北京語がちんぷんかんぷん

日本人の先生はみな引き揚げてしまいましたから、英語も数学も国語も教えてもらえない。国語は北京語でちんぷんかんぷんで何もわからない。聞いても聞いても、わからないし話せないし書けない。ホントですよ。大陸から台湾に来た先生が中国語（北京語）で話しても、何言っているかも全然わからんですよ。今は（北京語が）台湾の言葉になっていますけどね。カルチャーショックでしたね。文化的にも思想も、中国と台湾とは全部違うのです。そのため、初めのうちは中国語初歩というのを習ったのです。終戦後すぐというのに祖国の国歌も歌えない。昔は君が代で、新しい国歌は三民

＊6 緑島の監獄
台湾の南端台東の東海にある小島。国民党政権が長く強く続いた時期、民主化運動の活動家や政治犯、文化人が多数投獄されていました。

○コラム・9
二宮金次郎の話から

戦前の文部省国定修身教科書で一番よく出た人物は明治天皇で、民間人では二宮金次郎でした。台湾の修身教科書でも同じです。多くの公学校の校庭には金次郎像が建っていました。ところが金次郎の従順、誠実、勤労の例話が紹介されているだけでした。ここに植民地の教科書の特色がよく表れています。「上の者の言うことに素直に従い、真面目に働く」子どもであれば良かったのです。しかし「たくさん勉強しろ」「勉強して偉くなれ」を口癖にしていた日本人の先生がいたということも聞きました。教科書だけ調べていては分からなかったことです。

主義[*1]と言われても聞いたこともないしね。私は廟[*2]の前に行って国歌を練習したんですよ。

台南二中の入学は昭和一八（一九四三）年四月で、卒業は民国三八年七月[*3]だった。学校制度がかわった時だった。だからか卒業証書をもらっていない。

（8）　生徒がいるうちは学校にいるのが義務なんです

戦後、省立成功工学院機械科[*4]を卒業し、陸軍軍官学校に強制入学してから予備軍官になり、企業勤務を経て北門中学、台南二中[*5]の物理教員となりました。（戦後の）台南二中の時の先輩が国民学校の校長になっていて、先生になれと誘われたんです。試験なんかなかったです。面白いから長続きできた。朝は七時半には学校に来てお昼を自宅で食べて、一時半頃また学校に戻るんです。（大陸から来た）先生たちは午前中の授業が終わると、もう来ません。私は戦前の日本の先生の姿を見ていますからね、生徒がいるうちは学校にいるのが、それはもう義務なんですよね。ずっとそうでしたよ。

〔調査日　二〇一三（平成二五）年一一月一二、一三日〕

（9）　葉崑玉さんの話を聞いて

葉崑玉さんの名前が度々変わったことは、時代に翻弄された出来事でした。出生から学生時代、教員生活を台南で過ごされました。中学校は大陸出身教員による北京語での授業になりました。北京語は全くわからない混乱期の中での、中学校の（生活の）様子が見えてくるようです。

＊1　三民主義
一九〇六年に孫文が唱えた中国革命の基本理論。民族・民権・民生の三主義から成る政治理論。

＊2　廟
台湾の神様を祀る宗教施設で、極彩色の建物で、多くは道教。

＊3　民国
民国三八年は一九四九（昭和二四）年。民国は中華民国の略で、西暦に対しての中華民国暦。

＊4　省立成功工学院
戦前の台南高等工業学校。一九三一（昭和六）年に創立。戦後、台湾省立台南工業専科学校となり、現在は成功大学となりました。

＊5　台南二中
現在の国立台南第二高級中学、戦前の台南第一中学校を二中として、第二中学校を一中へと、校名を入れかえました。

台南二中（卒業時は一中）、成功工学院、軍官学校を経て企業勤務し、北門中学、台南二中学の教員になりました。この時期、大学で学ぶことができた人は、本当にごく少数で、大学卒業ということで大切にされたとのことでした。面白いから教員職を長続きできたと言われましたが、教員職が葉さんの性格にあっていたのだと思います。自身が教えを受けた先生方のように、生徒がいるうちは教師も学校にいることは義務と言われました。学校では生徒とともに過ごすことが、葉さんの中での理想とするべき教師像であったのでしょう。

4　日本人小学校で学んだ陳玟珍《ちんぶんちん》さん

（1）「玟」と「玫」の名前で苦労

昭和六（一九三一）年一二月九日に台南の高砂町で生まれました。台湾姓は陳玟珍。玟珍の「玟」が戸籍上の文字で「ブンチン」。しかし、所々の場所で「玫珍」と書かれて困った。「玫珍」と書かれてこちらは「メイチン」。年金を受け取る時、退職金をもらう時「玟」と「玫」の文字で苦労しました。日本時代の名前は田上富美子でした。

（2）優秀な兄弟姉妹

台南の高砂町で生まれましたが、幼稚園は台北でした。父が永豊株式会社*6を興した四人の内の一人でした。永豊株式会社は何伝、何義、何永の三人兄弟と父の陳老枝《ちんろうし》で起こした会社でした。もともと三井物産で一緒に働いていました。父は九歳で父を亡くした。そのため小学校しか出ていない。父は祖父が年をとってから生まれた子のた

○コラム・10

魔法の学校

公学校では書房では教えない算術や理科などの教科がありました。漢籍の暗唱ばかりの書房と比べると、公学校では書房にはない近代的な知識が学べる所でした。国立台湾師範大学の許佩賢教授はハリー・ポッターの言葉にならい、公学校を「魔法の学校」などと呼びました。こうした近代的知識は、日本もほんの数十年前に欧米諸国から学んだことでした。統治開始期の就学率は一〇パーセントをなかなか超えませんでした。

＊6　永豊株式会社
一九二四（大正一三年）に肥料や砂糖の売買をする「何皆来商行」として設立。近年、会社の一部門である製紙業が世界トップ五〇の大製紙企業に発展しました。

め老がつけられました。母は上流階級の家庭の育ちでしたから足が小さかった。纏《てん》足《そく》[*1]でした。母は学者肌で勉強以外のことは出来ない人。父は永豊の台北支店長をしていましたが、戦争が激しくなったので台北の店を閉めて台南に来ました。

兄弟姉妹について——大きい姉さんは台南第二高等女学校を出て結婚、上海へ。立教大学を出た。大きい兄さんは早稲田大学にいたが卒業前に召集をうけ軍曹だった。サーベルを提げていた。二番目の兄さんは順天堂大学を出た医者・医学博士で日本籍になった。二番目の姉さんは台北第三高等女学校を出て高雄で幼稚園をやっていた。三番目の姉さんは省立(成功)工学院の化工系を出た。中学の先生をやっていたら、もったいないからと中央標準局化験室にかわった。結婚して高雄前鎮国民中学の教員。次が私。弟は台南一中から台湾大学[*2]物理系、新竹の清華大学[*3]を出て、アメリカミシガン大学に留学して(物理と哲学の)博士号をもらいました。コピーのゼロックスの発明の権利者の一人でアメリカのボストンにいる。当時留学するのに二四〇〇ドルの保証金が必要だった。二四〇〇ドルをアメリカに納めないと行けなかった。弟は納められないので、(清華大学の外省人[*4]の)校長が保証人になってくれて留学できた。外省人にも素晴らしい人がいた。妹は台南女子中学をでたが、勉強したくない子だった。

(3)　台北市南門小学校から台南市南門小学校へ

台北南門小学校にいた時、お向かいの台湾人の子と二人で、バスで通いました。台北の南門小学校には昭和一三(一九三八)年四月に入学。はっきりとわからないが(私の家は改姓名をして)日本語常用家庭(国語家庭)だったと思う。母は公学校だけだったが、

＊1　纏足
中国の上流階級では、女性の小さな足が高貴と美徳とされ、幼児期から足に布を巻き一〇センチくらいの足にする風習がありました。

＊2　台湾大学
一九二八(昭和三)年に台北帝国大学として創立。戦後、台湾大学となりました。戦前の大学図書館が学校史館として公開されています。

＊3　清華大学
一九五五(昭和三〇)年、新竹市に創立した国立清華大学。

＊4　外省人
第二次大戦後に大陸から台湾に移住してきた人を外省人と言い、戦前から居住している人々を本省人と呼びます。

裁縫や料理も上手、日本語がぺらぺらで上手だった。母は黄琴《こうきん》から田上琴子になった。台北の南門小学校の一年から三年のことは覚えていない。四年の先生は台湾人を馬鹿にする日本人の教師だった。勉強がついて来られないから補習をすると言った。補習をさせたのは、お金目当てだった。五年生の二学期まで（台北の南門小学校に）いました。

台南南門小学校（現・台南市永福国民小学）には五年生の三学期に転校した。昭和一八（一九四三）年一月でした。台南南門小学校の五年の担任の先生は良い先生だった。数学が難しくなる時だったが真面目に教えてくれた。数学、自然科学（の学習は）女の子の趣味ではなかったけど私は好きだった。私は転校生だったのに（台南で）同窓会があった時、クラスメイトの井上さんは、私を覚えてくれていた。私は高等女学校入学試験のある学科、国語や算数は学年で一番だった。しかし、音楽や図画があるので、全部の平均点で二番。一番は葉山邦子さんで、真珠王の鄭旺《ていおう》の娘でした。彼女の家にはピアノもあった（写真7）。

（4）　台南第二高等女学校へ、そして戦後

日本人の多い台南第一高等女学校[*5]（以下、一高女）へは台南の各小学校から、台湾人の子どもは一名か二名しか入れない。[*6] 一九四四（昭和一九）年四月に、本島人が多い台南第二高等女学校（以下、二高女）に入学した。葉山さんは一高女へ入学した。

一年のクラス主任は、（何かあると）すぐに運動場を回ってこい（と言いました）。一人ではなくてみんな、クラス全体。学習よりも運動場を走る。裸足で、ですよ。家での宿題は偽装網、戦車の網を作ること。日曜日は墓場の付近の食べられる野草を集める

＊5　台南第一高等女学校
一九一七（大正六）年六月、台湾南部で最初に創立した高等女学校。主として内地人女子が在籍しました。赤煉瓦の校舎が文化財に指定されています。

＊6　本島人女児の進学
中等学校への受験校は担任教師の裁量のようでした。台南市内の小学校から台南第一高等女学校へは、内地人児童は何人、本島人何人と人数枠があったようです。

写真7　台南南門小学校卒業記念。前から二列目の左から五人目が陳玫珍（一九四四年三月、個人蔵）

こと。それを学校に持って行く。土曜日も学校、日曜は野草集めた。それを軍隊に持って行く。食べたのは兵隊だと思う。

戦後、二高女が一高女の校舎に引っ越し、机、椅子を皆で運んだ。二高女の校舎はボロボロだった。（日本人の子どもが多い）一高女の方が校舎などの設備や施設が良かったので、一高女の校舎を台南師範[*1]と二高女がほしがったが、二高女の校長（大陸から来た人だった）が早い者勝ちと先に引っ越しをして第一と第二（一高女と二高女）が合併し、一つになった（現・国立台南女子高級中学）。光復[*2]後、六年制[*3]に変わりましたが、九月まではそのままの学校にいました。

(5)　省立成功工学院から中央標準局化験室へ

私は省立成功工学院（以下、成功）へ民国三九（一九五〇）年の九月（に入学しました）。台湾大学は（台南から）離れているから親が行かせてくれなかった。だから三番目の姉も私も二人とも成功の化工（化学工程学系）だった。

姉は私の（出身校の）中学校に教えに来て一年目に、（成功の化工出身なのに先生をやるのは）もったいないからと国家機関の中央標準局化験室（以下、化験室）に呼ばれた。私も（卒業論文が終わり四年の二学期で化験室に行った。卒業後は化験室で分析をやっていた。分析というのには定量分析と定性分析があった。定量分析は各成分がどれだけあるのか、定性分析はどの成分があるか、ということです。味の素や石けんの分析をして、正しければ、㊣（マルセイのマーク）がついた。台南の中華日報社の近くにあった。

＊1　台南師範
一八九八（明治三一年）に創立した台湾総督府台南師範学校。

＊2　光復
「固有のものを回復すること」「台湾が祖国（中国）に復帰」の意味で、台湾の統治権が日本（台湾総督府）から中華民国（国民政府）へ移譲されたことを言います。

＊3　六年制
戦後、五年制高等女学校は日本の教育制度で言うところの中学三年、高校三年の三三制になりました。中学を初級中学、高校を高級中学と呼びました。

（6）結婚し、省立高雄女子中学、台南女子中学の教員に

（私が就職して）三年目に姉が（化験室を）辞め、私は二月に葉崑玉さんと結婚して、八月には省立高雄女子中学の教員になりました。高雄で教えた教科は化学と数学。初中（初級中学）では化学と物理は理科でした。（大学の出身学科が）化工系ですから化学を教えていました。しかし、学習について来られない子がいる。理数系について来られない、その時の教え子がこの（家の）近くに住んでいて、会うと「老師」（先生）と今も呼んでくれる。

初中（初級中学）の学級は最高五〇名くらいで二、三クラス。（中学校はまだ）義務教育ではなかった。中学校に入るには、まだ試験があった。

高雄女子中学に三年いて（葉さんが高雄の会社を辞めたので一緒に）、台南に帰ってきた。民国四八（一九五九・昭和三四）年八月だった。私の台南女子中学の時の教務主任が校長に、高中三年の時の担任が校務主任になっていて、八月に戻ると言ったら、教員が足らないので、すぐ（省立台南女子中学への）就職が決まった。教師になって中国語を教えるようになったら、生徒に話さなくてはならない。戦後は（中国語の）発音符号に苦労した。符号から始めて、発音記号を丸覚え。教師になって教えるようになったら、それで話せるようになった。日本語には苦労がなかった。

中学校での科学展覧会というのは、生徒が学習したように見せかける会だった。実際は先生が自分の母校の研究の成果を持って来たもの。（それから）毎学期、生徒を遊びに連れて行かなくてはならない。それをしないと生徒がなつかない。そうしたことが嫌になった。三人の子どもが皆、台北の大学に行くことになったので、仕事を辞めた。

○コラム・11

恩師を訪問する教え子たち

日本人恩師を訪問する教え子の方に付き添ったことがあります。その男性は、先生は厳しかったけど大好きだったと言われました。ところが先生は、体罰をしていたので会うのは辛かったと言われました。それに対して教え子の方は「あの時代、日本語が話せないと公学校を卒業しても就職ができなかった。先生のお陰で僕も友達も就職ができたのです。体罰を恨んでいる者はいません。戦後も人並みに暮らせたのは先生のお陰です」と。

（7）　父と日本人の友人との関係

父と、（父の会社にいた日本人の）中島さんとの信頼関係は素敵だった。（中島さんが日本への）引き揚げの時に、中島さんは貴重品を父に預けていた。父もそれを大切にしていた。台湾との関係がよくなって中島さんに返していた。真面目な父であった。（写真8）

〔調査日　二〇一四（平成二六）年六月二〇、二一日〕

（8）　陳玟珍さんの話を聞いて

陳玟珍さんは小学校で学ぶ内台共学という貴重な経験をしました。台南南門小の同級生は優秀で、いつも宿題など教えてもらっていたと懐かしく話していました。また、国家機関の中央標準局化験室、高雄女子中学教員を経て母校の教員になりました。葉崑玉さんも話されましたが、この時期の教員採用は校長裁量であったようです。

社会が大きな変革を迎える中、ご夫妻は教員を続けましたが、陳さんはお子さんたちが大学へ進学し、自宅を離れたた機会に教員を辞められました。高校での見せかけの発表会や参加費を徴収する試験対策の補習等に嫌気がさしたとのことでした。嫌いだった教師と同じようになりたくないという、正義感、厳しさを内に込めていたのだと思います。

写真8　葉崑玉・陳玟珍夫妻（二〇一三年一一月、筆者撮影）

5　二節のまとめ――「公に奉じた」先生方

四名の語りから、自分の受けた教育や教師との出会い、社会が変革するなかでの教員としての歩みや思いを見てきました。

戦後、台湾総督府が消滅し、大陸から来た国民党が政治を行う政権交代という大きな変革が生じました。そうした変革の一つに、為政者が強制する言語が日本語から北京語に切り替わったことがあります。古慶瑞さんの「先生たちは、午前中は生徒に授業をして、午後は先生たちが集まって北京語を習う。前日の午後習ったことを、明くる日の午前中生徒に教える、その繰り返しでした」という終戦後の授業について、陳玟珍さんの「教師になって中国語を教えるようになったら、生徒に話さなくてはならない……教えるようになったら、それで話せるようになった」という経験、これは当時の台湾人教員共通の体験であったと思います。

社会が変容し混乱する中でも明日の教育のため、教え子たちのため、教員としての自分自身のための惜しみない尽力――李登輝・元台湾総統*が『武士道解題』の中で述べていた「私を無くし公に奉ずる」精神が、四名の先生方に備わっていたのでしょう。古慶瑞さんは故郷の教育の為に尽し、曽秀香さんは教師の仕事を終身事業とし、葉崑玉さんは生徒と共にいることを義務とし、陳玟珍さんは教師の不正に背を向けたのです。これらの教育への姿勢は他から教えられて身につくことではありません。自らが受けてきた教育を通して理想の教育や教師像を見いだし、教師としての自分の生き様に重ねてきた結果だといえます。

○コラム・12

台中一中　初めての本島人男子中学校

一九一五（大正四）年、台中州の士紳（地方の有力者）の林献堂ら当地の有力者が、本島人男子のための台中中学を創立しました。しかし就学期間も短く学習課程も低く押さえられていました。その後、内地人男子の中学校が台中に創立されることが決まり、どちらに一中の校名をつけるかが問題になりました。台北、台南ともに内地人男子の中学校に一中がついているからです。台中中学二代校長小豆沢英男が、歴史が古い方が一中であると決定しました。この結果、戦前、本島人男子を主とする中学校で唯一、一中の校名がつきました。

＊李登輝・元台湾総統（一九二三―二〇二〇）
台湾淡水生まれ。農業経済学研究者。政治家。中華民国総統。台北高校を経て京都帝国大学へ進学。戦後台湾大学に編入学。第四代台湾総統として台湾の民主化に尽くしました。

三　原住民の少年少女

本節は二、三名の原住民による学校生活の思い出話をまとめたものです。この聞き取りは、台湾師範大学の呉文星名誉教授の勧めによりました。「私たち（漢民族の研究者）が調査に行っても彼等は警戒して心を開かない、日本人に対しては懐かしさがあるようでよく話す」と教えられました。そのためか、原住民教育については、文書を中心としての制度史などの研究は重ねられていますが、原住民の子どもたちが在籍した学校の生活の様子などについての調査研究は十分ではないようです。

台湾原住民の人口は現在約五五万人で総人口の一・二パーセントと言われています。日本人と日本語を話すのは久しぶりと言いつつ、皆さん快く話して下さいました。翌年、再度訪問すると亡くなっていたり入院中で会えなかった方もいました。学校創立年月や校名等で話された記憶と事実と異なる箇所が多々ありますが、話者の言葉を尊重し、そのまま載せ注で補いました。また、実際にはあちこちに飛んでいた話をまとめた所もあります。光復郷は平地の阿美族、知本は平地の卑南《ぴなん》族、崙天《ろんてん》は山地の布農《ぶぬん》族の方々です。

調査時、後々報告書を発行することを話者の方々に伝えました。その時、話者の方々は日本人名の掲載を希望しました。そのため今回もそれを踏襲しました。本調査は原住民出身である花蓮教区曽建治司教の理解と協力により行うことができました。

○コラム・13
台湾原住民族
日本統治期、原住民種族は七部族とされていました。近年、DNAなど遺伝子の解析などによる研究が進みアミ族・タイヤル族・サイシャイト族・ブヌン族・ツォウ族・パイワン族・ルカイ族・プユマ族・タオ（ヤミ）族・サオ族・カヴァラン族・タロコ族・サキザヤ族・セデック族・カナカナブ族・サアロア族の一六民族が政府から認定されました。これ以外に地方自治体が独自に認定している民族もあるので、今後増えるかもしれません。

＊1　猪勝束
一八九六（明治二九）年九月、猪勝束（現在の屏東郡満州郷里徳村）にて初めての原住民教育が始まりました。

＊2　国語伝習所
一八九五（明治二八）年六月、統治後初めて設立された本島人用教育機関で、甲科（通訳養成）と乙科（後の公学校の準備）で構成されました。そして分教場では原住民の教育が行われました。

1　花蓮県光復郷太巴塱《たばろん》にて

総督府は原住民児童の学校として一八九六（明治二九）年九月、台湾南端の恒春猪勝《てら》束《そ》*1に国語伝習所分教場*2をつくりました。その後、分教場は全島で一八校設けられました。そのうちの一校、現・花蓮県光復郷太巴塱国民小学（台湾全図参照）の卒業生の話を聞きました。太巴塱への最寄り駅の花東線光復駅へは、台北から特急で約二時間半、急行で約五時間かかります。太巴塱の王成発《おうせいはつ》氏宅にて話を聞きました（写真9）。

宮下　勲　一九二六（大正一五）年生まれ。富田公学校一九三四（昭和九）年入学。卒業二年後に附設された富田青年学校*3へ再入学。青年学校卒業後は家業の農業に従事。自宅が神社の下の位置にあり、宮下姓になった。調査時八二歳。

川村清治　一九三〇（昭和五）年生まれ。太巴塱公学校*4に一九三八（昭和一三）年入学。卒業後富田青年学校へ。青年学校卒業後は農業に従事しつつキリスト教伝道にかかわる。調査時七六歳。

（1）かわいがってくれた先生　厳しかった地元の先生

――学校生活で一番の思い出は何でしょうか。

宮下　四年生の頃、先生からとても可愛がられました。先生の家の飯炊きをやったんですよ。先生独身だったから。（私は飯炊きが）うまくできたりしたもんだから、とてもかわいがられた。日本語あまりうまくないもんだから、いろいろ言うと先生が直してくれた。それで何とか話せるようになった。あん時の先生は江添先生だった。

*3　青年学校
小公学校を卒業後、中等学校に進学せず働く青少年に対しての社会教育の場として、主として公学校（国民学校）に設置しました。

*4　太巴塱公学校
一九二四（大正一三）年までは太巴塱公学校、翌年からは富田公学校に改称しました。

写真9　左から宮下勲、川村清治（二〇〇七年一月、太巴塱にて。筆者撮影）

新潟の生まれ。

——先生方の名前を覚えていますか。

宮下　一年生は池田先生、日本人。二年生は佐久間先生、地元の人。男の先生。三年生は松本先生、地元の人。四年生は江添先生、日本人。男の先生。五年六年は前田先生、男の先生で日本人。

——地元の人とは太巴塱出身の先生のことですか。

宮下　あの頃（昭和一〇年頃）はもう（学校では）阿美語は使わさない。学校へ行くとすぐ日本語を使わないと怒られるんですよ。上級生が週番になってね、国語（日本語）話せるか、蕃語[*1]話しているかを監督するんですよ。週番はね、もし蕃語を言うと怒るし、とっても厳重だったですよ。一年生だと大目に見ているよ。三年生の時は少し厳しくなる。四年生からは相当厳重になる。六年生になると、（蕃語を話すと）もう、叩かれるんですよ。そういうことやるのは地元の先生。自分の親戚とか、知っている人だからね。極力、日本語を高めよという意味。日本人の先生はそういうことあまりやらない。

川村　私は叩かれることあんまりない。やっぱり、言うことをきかないものだから叩かれる、しょうがない。一年生二年生は高橋先生、男の先生、台湾の寿（花蓮港庁の町）の人、男の先生。三年生は江口先生、日本人の男の先生、よく生徒を叩く。ちょっと間違えば、机の上に手を出させてバチ、バチと叩く。四年生は松本先生、地元の男の先生。五、六年は日本人で、曽我部先生で男の先生。

——担任の先生はすべて男の先生だったのですね。

＊1　蕃語
ここでは阿美族の言語。言葉はありますが、文字はありませんでした。

○コラム・14　現地調査こぼれ話①
住宅ローンで建てた白い家

台北から花蓮を過ぎ、東海岸を進む列車の車窓からは太平洋が見渡せる美しい風景が続きます。椰子の木やサトウキビ畑の中に白い瀟洒な鉄筋の建物が点在しています。太巴塱の宮下さんや川村さんの自宅も白壁の鉄筋二階建てでした。川村さんは「政府（役場）からの勧めでローンを組んで建てたんだ。ローンを返すのが大変だった」と言われました。どこの国も同じなのです。

川村　男組なら男の先生、女組なら女の先生。男女のバランスが悪い時だけ男女組になることがあった。まぜこぜ。ここは大きな部落だったから多い時は（一学級が）七〇人、先生もすごく大変だった。

（2）　お前らの仕事やってんだぞ

――学校生活の中で大変だったことは何でしょうか。

川村　私の思い出は、曽我部先生の頃です。ちょうど、この学校、向こう側に仕事をさせるための実習地があった。今、教会が建て（られ）ているあのあたり。ペンキ塗ったりするのが、すごく大変だった。毎日だった。勉強するのは一週間で一日か二日くらいでした。楽しかったのは、その後、整地が終わってから、何て言うのかな、大きな会場、道場で銃剣道[*2]をやってみたり、同級生と一緒にやるので楽しい思い出ですね。曽我部先生の奥様はお菓子を作ってくれて、私らみんなにくれる。そういう親切な方だった。私なんかの同級生の女組の先生だった。女組の仕事は花の手入れとかで、（力仕事とか）そういうのが全部男組に任されてしまったです。そこで僕ら（女組に向かって）お前らの仕事やってんだぞー、と言ったりね。僕らが作業やっている間に裁縫やっていた。何だ、お前たち、奥様みたいでそこで何やっている、なんて言ってた。

（3）　台北や花蓮へ修学旅行

川村　五年生か六年生になると卒業が近いから花蓮港[*3]まで行った。列車に乗ってね。

＊2　銃剣道
　戦闘訓練として、剣道のような防具を身につけて木銃を用いて相手と突き合う競技。

＊3　花蓮港
　現在の花蓮市。戦前は花蓮港と呼んだ東海岸で一番人口の多い都市。太魯閣（タロコ）国立公園の入り口の町。

○コラム・15　現地調査こぼれ話②
母系社会の阿美族
　川村さんのお父さんは大陸から来た人で漁師だったとのこと。いろいろあって太巴塱に来たら、家の仕事は畑になった。お父さんは、漁はできたけれど畑仕事はできない人だった。だから母は父を家から追い出してしまったと。アミ族は母系社会だから女が強いんだよと。川村さんは、僕は、畑仕事は得意なので離婚されないですんでいると笑っていました。

修学旅行になるかな。六年生の時に台北、芝山巌に。今でも残っていますね。四川館という旅館に泊まった。当時、一番高い百貨店は何と言ったか、そこでエレベーターに乗ったのが、あれはとっても珍しかった。（百貨店の）中を見学して時間になるでしょ。時間だー、集合だーと言ってもなかなか集まらない。食堂に集合で、時間が来ても二人三人来ない。六七名ですから。

宮下　私の兄は修学旅行に行っていない。あの時、支那事変が起こった。非常時だからと言って、本当は台北に行く予定だったが行かれなくなった。本当は外国に行くような話も起こったが、非常時だから行かれないということになった。私の時は支那事変も終わって安心して行った。それで行ったのは花蓮港。港に船が入った時を見た。あん時だけは感激だった。（でも）お金のない子は行けなかった。一学級で三〇人くらいしか行けなかった。半分くらいだったかな。台北までは、花蓮港まで汽車で行って、花蓮港から船で蘇澳まで行って、また汽車に乗り換えて行かなくちゃ行けなかった。

（4）　学芸会で浦島太郎

——先生の話で覚えていることがありますか。

川村　昔話、おとぎ話、花咲じじい、浦島太郎。

宮下　桃太郎。

川村　アマテラスオオミノカミサマが岩の中から出てきたとか、ニニギノミコトが日本の国をつくりあげたとか。ヤマタノオロチを退治したとか。そういう昔話。学芸

○コラム・16　現地調査こぼれ話③

あっさりした教育とは？

知本などの原住民の方への聞き取り調査時、日本の教育の良くなかった点は、連帯責任としての体罰が厳しかったこと、暴力的であったことをあげた方が多くいました。逆に良かったことを聞くと「あっさりしていたから良い」と言われました。よくよく聞くと、「しっかりしている」「着実」「良い」という意味でした。台湾で長く使われているうちに意味が変化したのです。日本語が上手だからと、そのまま鵜呑みにすると意味を取り違えることがあるので気をつけなくてはいけません。

会は卒業の前に必ずやりました。自分が劇をやったりしたからですね。

――どんな役をやったのですか

川村　二年生の時、浦島太郎の劇をやりました。浦島太郎の亀でね、浦島太郎は亀の背中に乗って竜宮城へ行くんですね。タイやヒラメの舞い踊りが始まる。これは女の子が六名で踊る。その時の歌を今でも覚えています。（川村さんが歌い出し、三人で浦島太郎の歌の一番を歌う。一番が終わったら）五番まである。

宮下　えーっ（笑）。

――宮下さんはどうでしたか。

宮下　農夫。神様が私に何をやっているか。神様は怠け者にね、おい何をしているか。いつも休んでばかりいる。早く一生懸命仕事しろと言う。それだけは覚えている。佐助ドン何やっているか、と言う。

（5）　家では牛飼いや水くみ

宮下　家におると牛がいて、（親から）牛の世話をしろと言われるから、学校にいた方が良かった、友達はおるし。家にいると、あんた何やってるか、牛飼いに行きなさいと言われる。当時、仕事に使う牛は二頭。休みの時は、牛を連れていって牛の番とかをする。仕事をする時はその二頭を使う。普通は（家で）休んでいる時は牛飼い。だから日曜日になるととてもつらい（笑）。学校におると、日本の先生がいるとね、はーい、生徒さん来なさーいと言ってお菓子を分けてくれた。

○コラム・17　現地調査こぼれ話④

慎み深い女性たち

　川村さんが知らせてくれたためか、村の方々が来られ四方山話をする時間はありました。男女で来られると話すのは男性ばかりなのです。余りに男性ばかりなので、指名して女性の方に話してもらっていても、少しすると男性の目を気にして止めてしまうのです。女性たちは皆慎み深いのです。そこで、川村さんに女性たちだけの話を聞きたいとお願いしました。すると、よく話すこと話すこと、話し出すと止まらないのです。阿美族は母系社会と言うことでしたが、近年はどうなのでしょうか。

（6）今も日本精神が残っている

宮下　日本のこういう教育を受けて良かったなあと思う気持ちは八割くらいあります。青年学校時代の場合は、精神訓練とか、修養とか、親孝行とか、お父さんお母さんの話をよく聞きなさいとか、家に帰ったら真面目にやりなさい、お手伝いしなさいと。日本精神を仕込むためには、とってもいいことばかり耳にする。終戦になってから、北京語習うっていう講習、民衆班というのがあったんですね。あん時《とき》、参加するんですけど、日本精神が残っているから覚えようとしない。そこで使った言葉あっても、自分で、家庭で使わない。みんな日本語使うんですよ。今でも北京語話せない。日本の教育がもし私になかったら、果たして私は、この社会において人並みになっていたかと。終戦後、私は農会の幹事をやったり、何かの小組長とかやったんですよ。もし、私に日本の教育がなかったら、ここまでになったかどうか。自分で感じているですよ。厳しいこともある、辛いこともある、でも良かった。信用あったのはソロバンです。数学の方面は人に負けません。

川村　ソロバンの方はあまり出来ないけど、頭の中で、暗算はする。私は一番好きなのは歴史やな。それから修身とか、地理方面。外国に出ると、大体どこにあるかすぐ気づく。地理はよくわかる。修身もよくわかる。修身は人の成り行きが決まる。修身は人並みになれるです。今までわからなかったことがわかる。大切なことがわかる。だから、修身方面は好きだった。修身は、昔の桃太郎とか、あの昔話があるでしょ。人の心を直すためにあるんです。歴史方面の話もとても面白かった。

〔調査日　二〇〇七（平成一九）年一月一六日〕

○コラム・18　現地調査こぼれ話⑤

一年忌の集まりで

太巴塱での調査のない日の午後、友人の一年忌があるのでご飯を食べに行こうと誘われました。ご自宅の前の道路に大きなテントが二つ張られており、その下で昼食会なのです。一年忌のしめやかな昼食というより賑やかな食事の会のようでした。手伝いをしている若い女性が、日本人（私）が来ていることを知らされたらしく、大声で「俺は日本語習いてー」と言うのが聞こえました。すると近くにいた女性が「誰、この子にこんな悪い言葉教えたの。私は日本語を習いたいというのよ」などと叱っていました。皆、大爆笑でした。ここは本当に台湾なのかと思いました。

(7) 太巴望での話を聞いて

学校内での日本語使用を徹底させるために、週番の上級生が監督し原住民出身の教員が厳しく対応していたとのこと。身内だけに甘えさせたくないという気持ちが働いたのでしょうか。原住民の公学校の教員には原住民出身の教員が大勢いたようです。原住民の言葉が話せなくては低学年児童の指導は困難であったからでしょう。

川村さんは浦島太郎の歌を五番まで歌い、歌がない劇は覚えていないと言い、歌の力について知らされました。話の中にペンキ、バランス、エレベーター、ヨーロッパなどのカタカナ単語が出てきました。日常的に日本語をどれほど話しているのかわかりませんが、新しい日本語も受け入れていることがわかりました。

宮下さんと川村さんは、今も日本精神が生きていると胸を張って言いました。かつての統治国からきた私に、いろいろ話すことができて光栄に思います、とも。しかし日本精神があるため北京語を受け入れなくなったという話に胸が痛みました。

写真10　左から左から村田京子、増田達治、宮本隆（二〇〇四年二月、知本にて。筆者撮影）

2　台東県知本《ちぽん》にて

知本（台湾全図参照）へは光復から南下し南回帰線を通過し、特急で約二時間かかる熱帯の土地です。現・台東県台東市知本国民小学は一九〇五（明治三八）年三月に創立されました。知本の増田達治さん宅にて話を聞きました（写真10）。

増田達治　一九一六（大正五）年生まれ。知本蕃人公学校[*]に一九二六（大正一五）年入学、高等科卒業後、北九州小倉の工業学校へ進学。調査時八八歳。

＊知本蕃人公学校
知本蕃人公学校の校名は一九一七（大正六）年から五年間使用しています。

宮本　隆　大正一五年生まれ　知本公学校に一九三三（昭和八）年入学。卒業一年後に六年制になり再入学。卒業後台東公学校高等科入学。高等科卒業後、花蓮港明治公学校教員心得。佐世保の海兵団に志願兵[*1]として入営。調査時八〇歳。増田さんの従兄弟。

村田京子　一九二九（昭和四）年生まれ。卑南公学校へ一九三七（昭和一二）年入学。高等科卒業後、台北の台北帝大医学部附属病院にて看護見習。調査時七五歳。

（1）歌・教科書・学芸会・桃太郎

――公学校時代の思い出は何でしょうか。

増田　一番の思い出は歌だった、仰げばとおとし、蛍の光、君が代を覚えている。

宮本　一年の時の国語はカタカナでアイウエオ。二年生でまだカタカナ。教科書は巻一、巻二[*2]と書かれていた。三年で平仮名と漢字を勉強した。修身もあった。

村田　五年で歴史、理科をやった。運動や唱歌、歌、学芸会。そして、運動が好きで選手だった。三年生から六年生で卒業するまで回るの（リレー）をやった。高跳びや幅跳びもあった、走る方（が好き）だったと。

増田　そうした勉強は石板《せきばん》[*3]に石で字を書いた。

――学芸会は何をしましたか。

村田　踊りを踊った。原住民の踊りではなかった、学校の踊り。先生が教えてくれたの。運動会の時の踊りもそう。私たちは女だったからみんな踊り、劇ではなかった。

増田　昭和の二、三年の頃、男は劇をやった。学芸会では花咲かじじい、桃太郎をやった。

＊1　志願兵
自分の意志で兵役に就いた者で、正規の軍人として扱われました。しかし強制的に志願させられた者も多数いました。

＊2　巻一・巻二
現在、小学校国語教科書は年間二冊で上・下などと分かれています。それと同じように、戦前の国語教科書は、一年生は巻一・巻二、六年生は巻一一、巻一二になります。

＊3　石板
西洋紙ノートが普及する前に使用していた筆記用具。木の枠に薄い粘板岩がはめこまれてロウ石で書きました。

級長だったから役をやった。劇を通して国語（日本語）を覚えさせようとしたのだろう。

宮本　四年生の時に学校の先生の役をやった、判任官[*4]の服を着てやった。十何人かの生徒がいて前に座らせて教えてんの。アイウエオを教える側だった。学校の先生の劇だった。先生が判任官の服を貸してくれた。服の丈が長かったな。

（2）女の生徒だけお裁縫

村田　三年生の時に女の先生がお見えになっているの。女の生徒だけお裁縫がありました。女の先生が教えるの。お人形作りとか。一番最初は運針だった。ズロース（下着）もやった。高等科に入ってからは日本の着物専門みたいだった。

――女子が裁縫の時、男子はどうしていたのでしょう。

増田　畑で野菜を作っていたんじゃないか。

村田　野菜や花が沢山できて台東の町まで売りに行った。

――卑南の学校から台東の町まで行かれたのですか。

村田　台東の町の方が高く売れるの。

（3）一里くらい歩いて通学、遠足で温泉へ

村田　（学校までは）近かった。歩いても一時間かかんなかった。

宮本　僕も近かった。

増田　今日（ここにいる三名）はたまたま皆（学校に）近い所にいた。（子どもたちは）みな歩きだった。みな一里（約四キロメートル）くらい歩いてくる。野いちご食べて帰ったり

＊4　判任官
官吏の身分の一つ。高等官（親任官・勅任官・奏任官）の下に位しました。

○コラム・19　現地調査こぼれ話⑥

田舎の村もテイクアウト

太巴塱で泊まっていた家は、川村さんの家の近くにありました。朝、バイクに乗った川村さんが、ご飯だよ、と持ってきて下さったのは袋に入れた豆乳と三明治（サンドウィッチ）でした。光復駅近くの民宿に泊まった時のこと、ここも朝食はテイクアウトでした。台北などでは、朝食を店先で食べる人やテイクアウトの人もいます。外食文化は都会だけではないのです。台湾では共稼ぎの家庭が多いので、主婦の負担を軽くするため外食が盛んだと言われています。

した。夕焼け小焼けの歌を歌いながら帰ったりしていた。雨の日は蓑《みの》、笠があった。蓑は椰子の木の毛でできているものだった。着物（の丈が）短く、蓑も短かった。しゃがむと尻が出てしまった。パンツなんかはいていなかったから。いたずらでパッとやって逃げたりしていた。

宮本　僕は、最近までふんどしだったけど、今はパンツ。

増田　昔は紙なんかなくて、大便をしたあとは石にこすりつけたりしてふいた。あれは痛かった。柱だろうと、石だろうとかまやしなかった。

村田　女の人は木の葉っぱを使った。

増田　町へ、山へ、海へ、川へみな一緒に歩いた。知本温泉に行って温泉に入って、お弁当を食べた。河原を掘ればお湯が出た。みんなで掘った所に入るわけだ。

宮本　遠足はみんな温泉だった。

村田　学校のあるところから発電所の見学にも行った。

（4）先生方との思い出

――先生方の思い出がありますか。

増田　一年は増田栄一先生、原住民の先生、母の弟。二年も増田先生。僕らが二年の時に亡くなった。それを次いだのが和田吉元先生。三年で日本人の先生山崎先生。宮崎出身。四年は大浦次郎先生、新潟県出身。手紙を出していましたけれどね。先生方も亡くなりました。

宮本　植薗先生が校長先生。永田清麿先生が三年、川村実先生。

○コラム20　現地調査こぼれ話⑦
原住民公学校に漢民族児童も通学

太巴塱国民小学を訪問した時、日本語が大変上手な夫婦が対応して下さいました。奥様は漢民族で、生まれた村には原住民児童の公学校しかなく、そこに通学していたとのことでした。原住民公学校は原住民児童のみが通学するものと思い込んでいました。現地調査の時は、固定観念持たないことが大切と知りました。調査する土地を歩き、土地の空気を吸い、土地のにおいを嗅ぎ、土地のものを食べ、土地の人と話すと、思わぬことがわかるものです。

村田　一年生の時の担任は稲葉花子先生、原住民の先生。台南師範の出身。四年生は稲葉重人先生で原住民の先生。二人の先生は兄弟。

増田　先生方から、あんたは頭がいいから師範へ行け、優れているから医者になれ、日本語がいいから警察へ行けと、強制というより先生が（教え子の進路を）選んだ。

（5）体罰もあって厳しかった

増田　日本時代の先生は体罰もあって厳しかった、ぶたれたりしても親は何も言わなかった。ぶたれるのに何の理屈があるのかと、親に言われた。今はたたいたりしたら大変だ。今の台湾では体罰禁止。

宮本　（先生たちは）パンパンパンパンとやりましたよ。今の台湾の人が戦前の（教育）を見たらびっくりする。

村田　こわいもの、先生。顔を洗わないで（学校）へ行ったら、洗いなさい、あんたまだ顔を洗っていないと洗わせられたと。ゆっくり寝ていて起きてごはんも食べないで顔も洗わないで（学校へ）行ったら叱られた。

増田　教科書を買えない子どもには、先生が自腹をきって買ってくれた。

――それがなぜわかるのですか。

増田　教科書を買えないくらい家が貧乏だった。教科書がきたないと、コツンと先生から頭をなぐられた。

村田　丁寧に丁寧に（教科書を）包んでしまっていた。いつも先生が本を見ていた。きれいにするようにやかましく言われていた。

○コラム・21　現地調査こぼれ話⑧

カラオケ大会

台東卑南の村での調査時、夕飯を食べに来ないかとの誘いがありました。ビールも入り宴たけなわになるとカラオケが始まりました。皆、上手なので驚くばかりした。歌は美空ひばりの「川の流れのように」、村田英雄の「王将」、石川さゆりの「津軽海峡冬景色」等々。日本のナツメロばかりでした。またまた本当にここは台湾かと思った次第。こうした調査を成功させるためには、お酒が飲めて、ナツメロの二、三曲も歌えることが大切と知りました。

宮本　初めての時うれしくて背中にしょった。風呂敷に包んで巻いて縛るの。

（6）卒業後のこと

増田　（私がまだ学校にいた時）知本公学校はまだ四年制だったから、五年、六年は南王（の六年制の卑南公学校）へ行った。それから高等科は台東（公学校）だった。そして、小倉の砂津の工業学校*1へ行った。日本語で苦労はしなかった。大東亜戦争に入っていたので勉強はあまりなかった。昼は仕事だった。夜だけ学校へ行っていた。夜は空襲で、殆ど勉強できなかった。

宮本　四年制を卒業して一年後に六年制になったので入り直した。卒業後、台東の高等科へ行った。そして試験を受けて花蓮の明治公学校の教員心得をやっていた。その後、海軍を志願した。高雄海兵団*2で訓練を受けた。自分の心（考え）で志願したんだ。

村田　公学校卒業の年に、台東に高等女学校ができた。お母さんに進学したいとお願いした。女に学問はいらないと母に言われたの。だから女学校に行けなかった。試験受けたんだけど、行かせてもらえなかった。だから高等科に進学した。進学していれば第一回の女学校卒業になった。公学校高等科を卒業して台北の帝大病院で働くことになった。家の兄さんが戦死したので、私は（家に）帰ってきた。家では兵隊の着物、服の修理などの仕事をやっていた。看護婦の見習いの仕事もして、勉強しながら働いていた。

〔調査日　二〇〇四（平成一六）年二月二五日〕

*1　砂津の工業学校
旧九州工学校（現真颯館高等学校）と思われます。

*2　高雄海兵団
台湾高雄にあった旧日本海軍軍港の警備防衛、新兵の教育を行いました。

*3　小原國芳（一八八七—一九七七）
鹿児島県生まれ。日本の教育者。玉川学園創立者。全人教育を提唱。労作教育に関する著作は当時の台湾の師範学校生に影響を与えました。

*4　大正自由教育
教師中心の一斉、画一的な教育への批判から、子どもの興味関心などを尊重する教育をめざした教育。

（7）　知本での話を聞いて

本節では三ヶ所での記録を載せましたが、当地での調査が初めてでした。それ以外の調査地も含めて、常に話題にのぼったのが体罰を伴う教育が行われていたということです。体罰が多かった教師へは卒業の時に生徒からの仕返しがあったそうです。劇で桃太郎が行われていたという言葉を初めて聞いた時は驚きました。私の勤務校である玉川学園の創立者小原國芳[*3]が命名した学校劇が、大正自由教育[*4]とともに台湾に広まっていたことを知ったからです。

明るく話される増田さんたちの共通の悩みは、戦後台湾の学校教育は北京語中心のため、それを学ぶ孫たちとの会話が十分に出来ないということでした。北京語は考えないと出てこない、孫たちは日本語も原住民の言葉も分からないと寂しそうに話しました。統治国による言語強制が生んだ悲劇と言えるでしょう。

3　花蓮県卓渓郷古風村崙天《ろんてん》にて

崙天の最寄り駅となる東竹駅へは光復駅、台東駅から急行や各駅停車で一時間少々の距離。そこから車で一〇分ほどの山間部です。山間部に設置された教育所で学んだ方々から話を聞きました。訪問時、この村に戦後初めて来た日本人とのことで村人総出の歓迎昼食会を催してくれ、驚きました。

以下の三名は山の布農《ぶぬん》族です。崙天天主堂[*5]の集会室で話を聞きました（写真11）。

秋野太一　一九三〇（昭和五）年生まれ　中野教育所卒業。調査時七四歳。

＊5　天主堂
本部をバチカンに置くカトリック教会の建物。日本国内でも長崎に大浦天主堂と呼ばれる教会があります。

写真11　崙天にて。（二〇〇四年一月、筆者撮影）

水野孝男　一九三一（昭和六）年生まれ　太平教育所卒業。戦後花蓮師範学校卒業。

校長職を最後に定年。調査時七三歳。

白石豊太郎　一九三六（昭和一一）年生まれ　清水教育所入学。二年生の時に終戦。

調査時六八歳。

（1）　教育所の先生はお巡りさん

――先生方の思い出として何がありますか。

秋野　戦争が激しかったものだから、運動方面でした。運動は相撲でした。あと野球をやったね。先生も若かったからね。相撲の時は各自一人でふんどししめてね。でも誰か、生徒が間違えたことすると、みんなが先生に懲罰（体罰）されたね。うちの子ども時代はね、誰もみんな間違えるのが怖かった。日本の教育は間違えるのが怖かった。だからいい教育。礼儀方面もね。とっても正しいのがよかった。昔は、先生になぐられると、反対に生徒はありがとうございますと言った。先生が私なんかに教えておった話には、針金の曲がっているのは叩かれれば直る、という教育方針だった。

――生活のことなどの思い出はありますか。

秋野　（中野教育所では）豚を飼っていた。豚の汚いものを出したりした。先生がきれいにしてやったりして、それを皆まねしてやった。野原に行って畝《うね》作って芋を植えた。芋畑ね。野菜なども作った。先生も生徒と一緒に野菜畑をやった。それからね、学校の教育を派出所も警察も一緒にやった。派出所の人にも、先生ありがとうございますと言った。野菜などを平地に商売に行くのに、派出所に持って行って、お巡りさんに重さを量ってもらってね。お巡りさんが値段はいくらってね、決めていた。日本人が書いたものだから信用されていた。台東へ持って行く時もです。日本人が書いた物を見るだけで、もう重さを量り直すことはありません。帰ってくると、派出所で野菜を売ったお金を調べられた。僕らがだまされていないかを派出所が見てくれた。日本の教育は良かったですよ。僕ら山の民族にはとても親切ですよ。

（2）　教育は平地と山地とでは同じくなかった

――水野さんはどちらでしたか

水野　太平教育所。五年生の時に光復。光復後、小学校卒業。その後、花蓮師範学校[*1]の初級部。連続ですね。

――お巡りさんの先生はどうでしたか。

水野　学校へ行くのが怖かった。日本人の（行った）教育は平地と山地とでは同じくなかった。教育所での科目は話、国語、算術、修身の科目だけで、もう大部分は、昼間は仕事だな。

――仕事は何でしたか。

水野　仕事は畑だった。あの時は高砂族《たかさご》[*2]に対しては、とっても教育について重く考えない。ただ、話をしっかり聞ければよい。仕事できればよいだった。だから、子どもを教えるのは警察官でよかった。四、五年では空襲警報があって、平地の子どもがやって来た。四、五年は日本人の子どもも一緒に勉強するようになった。

＊1　花蓮師範学校
戦後一九四七（昭和二二）年、台湾省立花蓮師範学校として開校し、二〇〇八（平成二〇）年に国立東華大学と統合しました。

＊2　高砂族
昭和一〇年以降の漢民族化していない原住民の総称。

白石　（私は）清水教育所。僕ら一年生の時（の先生は）高砂族の人。小さい子には高砂族の先生。言葉通じる。平地の人と一緒になった。教育所で日本人の子どもも一緒になった。空襲警報で警察の先生の子ども、みんな山に来た。空襲だったからあんまり勉強なかった。空襲があったから教育所で六年まで一緒だった。仲良くしていた。

――どんな遊びをしましたか。

白石　相撲ばかりで、勉強しない。遊びだけ。

水野　遠足のこと覚えています。平地に出たり、他の学校に行ったりした。靴がない。裸足で歩いたから痛かった。教育所にいた時はみんな裸足だった。師範（学校）に行く時は中国になっていた。履く物、着物など国家がくれた。花蓮に行くまで二、三年はお父さんの手伝いをしていた。

（3）　警察官が生活指導

――家では何をしていたのですか。

水野　遊んでいました。

白石　勉強はしなかった。家にも学校にも電気がない。

――日本の教育をどう思いますか

水野　とにかく一人の学生が悪いことをすると、みんな一緒に叩かれるのがいやだった。あれは嫌いです。こういう風に（手を大きく振り上げて）上から叩かれた。日本の教育は愛国教育だった。小さい子でも、大きくなったら兵隊さんになるのを楽しみにしていましたよ。

秋野　農家の教育は良かった。警察が毎朝ね、各家を回る。若い者が畑に見かけないで（いないで）、家の中にいるとエンマ棒でなぐられる。だからみんな真面目だった。田の中に塊の土があると叱られた。あの頃の台湾は今みたいな肥料は使わない。みな堆肥ばかり。部落同士が稲作りに競争だった、どこが一番か。

――部落同士で競争なのですね。

秋野　ですから、稲はみな堆肥でした。農薬などまかなかった。水牛、豚の堆肥を集めて水田にまきます。そして、若い時は二〇歳にならんとタバコを吸わせない。酒もだめ。とっても厳しい。厳しく警察が見ていた。日本の警察は有り難い。今の若いもんは小学生から酒、タバコ飲んでる。

――警察は生活指導もしていたのですね。

秋野　あの時代はみな貧乏していた。何も着るものもなかった。パンツも無いくらいで尻が出ている服だった。誰もそれを見ても笑わない。

――教育所を出られてから何をしていたのですか。

水野　（多くは）教育所でおしまいだった。農学校に入った人も少しいる。山地の子ども集めて試験して、上の学校に行かせた。師範学校、農学校（へ進学したのは）はそういう子だったね。あの当時、男の子は兵隊行きたい、そういう気持ちにさせた。先生の話。国のためにつくせという話。愛国精神だ。

――女の子はどうでしょう。

水野　女の子は看護婦とかですね。しかし、そうですね、みんなが行かれない。話もしっかりできる、頭が聡明な子でなくては行かれない。

――看護婦にならない人はどうしていましたか。

水野　みんな家に残って農業。

〈調査日　二〇〇四（平成一六）年二月二六日〉

（4）　崙天での話を聞いて

山村の崙天での話は警察官による生活指導、子どもたちが学校をサボることがないよう村の家々を回るなど、初めて聞くことばかりでした。子どもたちが作物を町に売りに行き、町の人に誤魔化されていないかを警察官が調べていたと言う話にはほのぼのしたものを感じました。派出所の警察官はエンマ棒を持ち、怖い存在であったようですが、それだけではなかったのでしょう。連帯責任など体罰があり嫌な辛かったことも多々あったと思いますが、初対面の私を慮《おもんぱか》ってか、最小限しか話しませんでした。

4　三節のまとめ――北京語習得とポスト・コロニアリズム

原住民の人たちと会って話を重ねると、皆優しい方たちでした。人を疑わない素朴な人柄のために、先祖が開発した土地を奪われるなどの苦労を重ねたのでしょう。若い人からは都会の暮らしは忙しくて自分には合わないという話も聞きました。

前節の四名の先生は戦後、自ら北京語を獲得しつつ日々の教育にあたりました。そうしなければ教室で自分を待っている子どもたちとの明日の授業ができなかったからです。本節の方々にも北京語学習の機会もあったようですが、北京語を受け入れなかったため、調査時は戦後六〇年を過ぎていましたが、家族の中でのスムースな意思疎通に事欠くようでした。植民地統治は終わっても、このような植民地後の問題が起こっています。ポスト・コロニアリズムはそうした問題を植民地化された地域・国の人々の視点から捉え直す研究を指します。こうした問題は得てして社会の弱者と言われる人々に生じますが、戦後補償の問題も含め、旧統治国がどこまで誠実に対応するかが問われています。

崙天での調査後、紹介者の曽司教から、食事会の時にもっとお酒を飲めば満点だったと言われてしまいました。確かにお酒を飲み交わす時間をたっぷりとれば、もっと本音を話してくれたかもしれません。

四　日本人の少年少女

太平洋戦争は日本の敗戦で終わり、台湾や朝鮮、満洲などで生活していた日本人は帰国することになりました。これを引き揚げと言います。終戦から引き揚げまでと、引き揚げ後も現地の復興のために留まる人々の子どもたちの学校が現地に開校しました。

本節では戦前と戦後の学校生活の経験を中心に聞きました。

松田和子さん（仮名）は玉川大学教育博物館にて、髙橋英男さんは相模原のご自宅で話を聞きました。

1　台湾省立高雄第二中学校で学んだ松田和子さん（仮名）

（1）　祖父台湾に渡る

松田和子です。旧姓は近藤と申します。昭和六年（一九三一）三月一六日の生まれです。

○コラム・22
内地人児童の教育の始まり

日清戦争後、下関講和条約が結ばれました。しかし、治安が悪いため当初軍政が敷かれ、民間人や女性の渡航は禁止されていました。民政移行後、官吏の妻子同伴が奨励され、その後民間人も子どもを伴って台湾へ渡るようになりました。当然、子どもたちの教育が問題になります。台北では私立日台学校、曹洞宗台北国語学校に小学科などが設けられ、日本人児童の教育が始まりました。

母方の祖父は今関孝次郎と言います。孝次郎は次男でしたので警察官になりました。日清戦争後に台湾に渡りました。そして結婚して母が生まれました。父は近藤三郎と言い、祖母は近藤ヒサと申しました。父はヒサに連れられ六歳で台湾に渡ったとのことです。まだ学校等が無く、近所の台湾人の子どもたちとよく遊んでいたため、台湾語が話せるようになり、そのことがその後の仕事を得る助けになったとのことです。

台湾で父と母が一緒になり、昭和六年三月に私が生まれました。私は七人兄弟の四番目でした。昭和一二（一九三七）年に高雄市（台湾全図参照）の堀江小学校*1に入学しました。昔は堀江町と言い、今は塩埕《えんてい》町ということで高雄市塩埕国民小学校と言っています。父は中国汕頭の台湾運輸株式会社で軍属*2としての仕事をしていましたが、昭和一六（一九四一）年に亡くなりました。ヒサお婆さん、母、姉や私たち子ども七人が残されました。平成二四（二〇一二）年四月に小学校を訪問しましたが、日本時代の卒業生の方など校友会が大歓迎してくれました。

（2）　高雄高等女学校入学・疎開・終戦

昭和一八（一九四三）年四月に高雄高等女学校*3（写真12）に入学しました。一年生の時は時間割にそった授業が行われていました。二年生になると学校から離れた畑でイモを植え、鍬を担いで畝を作り、砂地にサツマイモを植え、校庭を耕して作物を植えるということばかりしていました。二年、三年の時はまともに勉強していませんでした。

昭和二〇（一九四五）年に三年生になりましたが、高雄に空襲があるので、私の家族は台中の豊原という町へ疎開しました。六つ上の姉は高雄女学校で事務の仕事をしてい

*1　堀江小学校
一九三七（昭和一二）年、高雄市大和小学校として創立。現在は高雄市立前金国民小学。

*2　軍属
陸海軍に勤務する軍人以外の文官、軍に雇われた人

*3　高雄高等女学校
一九二四（大正一三）年、高雄州立高雄高等女学校として創立。内地人女子が多く就学しました。

*4　台中第二高女
一九四一（昭和一六）年、台中州立台中第二高等女学校として創立。本島人女子が主として在学しました。

たので、姉だけは高雄に残り、祖母、母と私より下の四人兄弟は豊原に疎開をしました。疎開先の豊原には高女がありませんでした。そのため私は台中第二高女[*4]へ転校いたしました。そのうち豊原でも空襲警報がでるようになりました。そして知り合いの台湾人の方の住む、豊原から山の方の上南坑《かみなんこう》という町に一部屋借りて住むことになりました。そして上南坑で終戦を迎えました。祖母ヒサは、終戦の二日前、八月一三日に老衰のため八八歳で上南坑の疎開先で敗戦を知らずに息を引き取りました。

(3) 中国の国旗、中国の国歌、四等国民

高雄に戻ったのは昭和二〇年の九月か一〇月頃だったかと思います。女学校に行っても、授業はほとんどありませんでした。疎開先から先生方も生徒も戻っていないような状況でした。学校での朝会では、日の丸ではなく中国の国旗を掲げ、中国の国歌を歌いました。そして授業では三民主義が教えられました。台湾人の友人から私たちは一等国民だ、日本人は四等国民だと言われるようになりました。沖縄出身の友人たちは、沖縄がアメリカの管理下になったためか、一等国民だと言うようになりました。

(4) 故郷を捨てて、身を寄せる所はなく

昭和二一（一九四六）年三月から引き揚げ[*5]が始まることになりましたが、私たち家族には、日本に帰っても帰る場所がありませんでした。祖父母が早くに故郷を捨てていたために、日本国内に家族で身を寄せる故郷がなかったのです。唯一、母方の祖母が鹿児島にいましたので、長兄だけが一足早く三月に引き揚げ、陸士[*6]にいた次兄と二人

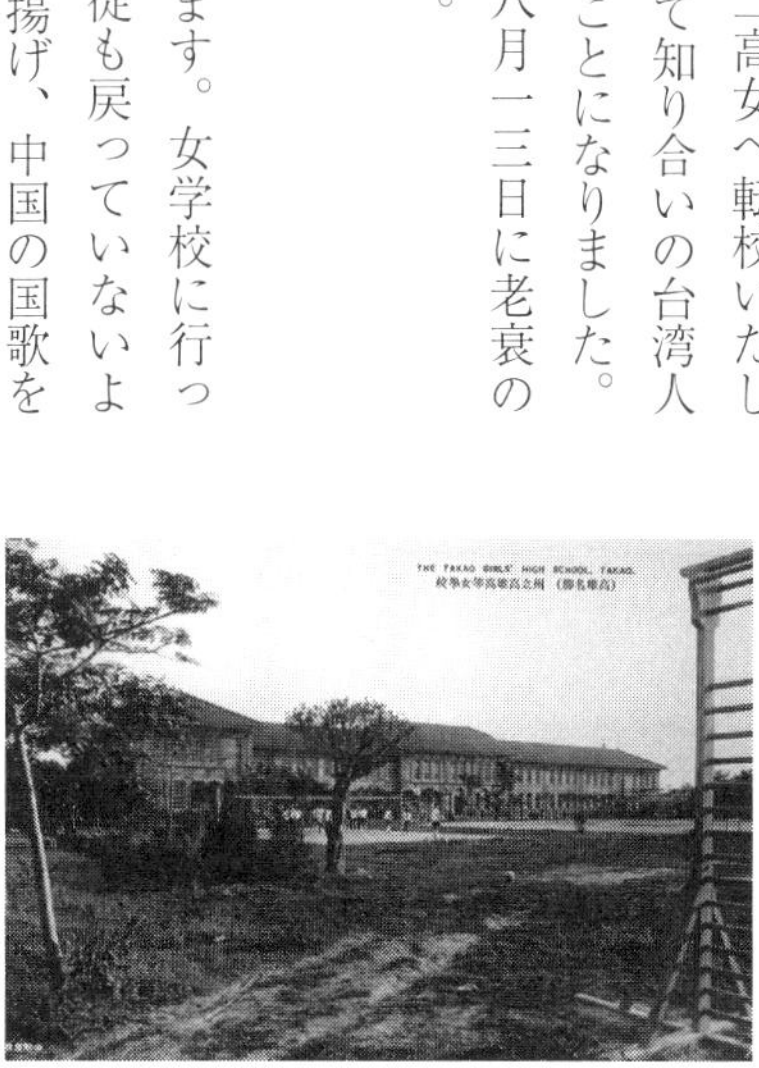

写真12　高雄高等女学校（玉川大学教育博物館蔵）

＊5　台湾からの引き揚げ
台湾各地から基隆に集結し基隆港から引き揚げ船が出る時、ブラスバンドの演奏が行われたこともありました。

＊6　陸士
陸軍士官学校の略。戦前陸軍将校を養成した学校。

＊7　徴用
非常時に国家が国民を強制動員して仕事に就かせることを言います。「留用」とも言いました。

で私たちを迎え入れる算段をしてくれました。そして、日本国内の治安もよくない、食料も不足していると聞かされていましたので、台湾にいた方がよいのではないかとヒサお婆さんの知人のアドバイスもあり、母が判断しました。今も残されている台湾鉄道高雄駅の設計をされた岩佐さんという方が、徴用[*7]で高雄に残ることになりました。岩佐さんとヒサお婆さんが仕事の関係で懇意でした。そこで、母が岩佐さんの姉ということで、私たち家族は台湾に残ることにしました。

引き揚げが決まってからは、家財道具の整理などがあり、生徒たちは落ち着いて学校へ通学できない状態でした。男子の中学では、学校内での暴力とかがあり大変だったと聞きましたが、女学校のほうは、そうしたことはありませんでした。

（5）　台湾省立高雄第二中学校で学ぶ

日本人の学生たちは、男子は高雄中[*1]、女子は高雄高女と別々でした。中学では暴力などがあるため通学せず、鉄道官舎などで塾のような形で学習していた方もいました。そして、三月の大部分の日本人の引き揚げの後は、日本人学生を受け入れてくれなくなりました。そのため三月以降も残ることになった私たちのために、親たちが学校を作るように当局へ申請しました。そして、六月頃、男子中学生と女学校生徒が高雄第二中学校で一緒に勉強することが決まりました。高雄二中には学寮がありました。そこを教室として使うことになったのです。

高雄二中のクラスは三組ありました。一組は女学校と中学校の一年生。二組は女学校の二年生三年生と中学校の二年生。三組は女学校の四年生と中学三年生四年生でし

＊1　高雄中

一九二二（大正一一）年、高雄州立高雄中学校として創立。内地人男子が多く就学しました。現在は高雄市立高雄高級中学になりました。

○コラム・23

日本人学校の始まり

一八九七（明治三〇）年六月、国語学校第四附属学校小学科が設けられました。官立でしたが、台湾での初の内地人小学校になりました。この時、入学したのは男児三七名、女児二四名、計六一名でした。この頃、台北だけではなく地方都市の基隆、新竹、台中、台南などの都市に国語伝習所がつくられ本島人児童の教育が開始されました。

た。最初、私たち女学校の四年生は二組で、中学校の二年生と一緒にされていました。女学校の方が、学力が低いという理由からです。男尊女卑の考え方ですね。でも中学校の二年生と一緒に一ヶ月間学習して、やはり女学校四年生には物足りないようだとわかり、私たちは三組になりました。

（6）「台湾省立高雄第二中学校日籍校友送別記念」写真

私の持つ「高雄第二中学校写真」には下の方に「35 11 16 台湾省立高雄第二中学校日籍校友送別記念」と文字が入っています（写真13）。民国三五年一一月一六日[*2]ということですね。この写真に書かれている「日籍校友」という文字を見ると、私たちを高雄第二中学校の生徒として受け入れてくれていたのだと思いました。ですからこうして写真も作ってくれたのだと思います。生徒たちの後ろに写っているのが学寮です。セーラー服を着ている子どもたちは皆、日本人の女生徒です。高雄二中は男子中学ですから、台湾人の女子はいませんでした。私たち三組の女子生徒は九名、男子生徒は一〇名しかいませんでしたが、数えると結構います。日本人生徒を真ん中に入れてくれています。最前列に座っているのは台湾人の二中の一年生生徒でしょうか。顔つきが子どもっぽいです。

（7）高雄第二中学校の先生方の思い出

校長先生は宮本先生といい、高雄工業学校の校長先生でした。宮本先生の娘さんもいらっしゃいました。娘さんは家庭科の先生で、この先生が女生徒の面倒をよく見て

写真13　高雄第二中学校日本籍校友送別会（一九四六年一一月一六日、玉川大学教育博物館蔵）

*2　民国三五年　一九四六（昭和二一）年

くれました。数学の猿渡先生と幾何の大山先生。数学ではlog（対数）まで習ったりしてレベルは低くなかったと思います。国漢の青木先生。中国語の学習では、あなたの名前は中国語読みでは○○になるというような内容の勉強でした。英語は台湾鉄道に勤めていた方で宇治田先生でした。週に一、二回来られました。英語でシンデレラを取り上げてくださったのを覚えています。学習は楽しく進められていました。

　女学校の生徒や中学生は高雄第二中学校に学びましたが、小学生は日本時代の大和小学校が日本人の小学生を受けいれる学校になりました。戦後、名前が前金小学校に変わりました。岩佐さんの家が大和小学校の近くだったので、妹は前金小学校に通いました。

（8）　台湾人の友人が見送ってくれ日本へ引き揚げ

　昭和二一（一九四六）年一〇月頃、徴用されている方たちの引き揚げが一二月中頃になることが決まりました。三月の引き揚げの時は、私の家族は日本に行っても頼れる所がありませんでした。でも今回は次兄が日本にいて引き揚げることが出来ました。高雄から基隆《きーるん》[*1]に列車で向かうことになりましたが、台湾人の友人が見送ってくれました。一二月二五日には佐世保に着きました。

　私たちが引き揚げた後の二月に、台湾で二・二八事件が起こりました。高雄二中の校舎にも銃弾の痕が残ったそうです。また高雄中学の上の方の人、市会議員の方など大勢の人が殺されました。台湾（に昔からいた人々）と中国から来た国民党[*2]との関係が悪く、二・二八事件が起こるような不穏な空気を日本政府が察知したので、急に私たちの引き揚げが決まったのではないかなどと、後になって、皆で話したりしました。

＊1　基隆
　台湾北部の港町。日本に近い港であるため貿易港として栄えました。

＊2　国民党
　一九一九（大正八）年一〇月に中国本土にて孫文が中華革命党を改組し発足し、戦後、台湾に逃れ、今日に至っています。

〔調査日　二〇一三（平成二五）年六月九日〕

(9) 松田和子さんの話を聞いて

松田和子さんは高雄で生まれ、終戦後の混乱期も高雄にて過ごし、祖国日本へ引き揚げるという激動の経験をしました。松田さんの「故郷を捨てて、身を寄せる故郷なく」という言葉が胸に響きます。明日が見えない中での暮らしはどんなに辛かったことでしょうか。一家は台湾で築き上げた生活基盤など、すべてを失い帰国しました。その後の苦労については言葉に表せないものがあると思います。

松田さんは留用者の関係者として残り、高雄第二中学校で学びました。自国の子どもたちの教育も大変であった時、子どもたちには罪はないと、現地当局の判断もあったのでしょう。松田和子さんの話は、留用日本人学校で過ごされた貴重な証言となります。写真に書かれた「日籍校友」という言葉に温かみを覚えました。

2 「学徒兵」になった髙橋英男さん

(1) 父、台湾総督府警察官となる

髙橋英男と申します。昭和四（一九二九）年四月一〇日、台北州海山郡板橋（現・新北市板橋区）で生まれました。私が台湾で生まれたことについて話すために、父のことから話します。父は髙橋秀二と言います。明治一四（一八八一）年六月、現在の三鷹市牟礼で髙橋家の次男として生まれました。出来たばかりの東三鷹尋常小学校の尋常科と補習科で学んだ後、一五歳の時、明治二九（一八九六）年四月に明治法律学校[*3]

＊3 明治法律学校
一八八一（明治一四）年、岸本辰雄、宮城浩蔵らが東京に設立したフランス法学を講じる私立法律学校。現在の明治大学です。

に入学し、明治三一（一八九八）年に退学しています。父はきちんと卒業しなかったため、終生、学歴がないことを悔やんでいたようです。ですから自分の子どもについては、男の子は大学、女の子は高等女学校を出してやりたいと考えていたようです。

二二歳の時、明治三六（一九〇三）年に、第四代総督児玉源太郎・総務長官後藤新平治下の台湾に渡り、同年二月一〇日に、民政重視の治安確立を急ぐ後藤長官の肝いりで制定された台湾総督府警察官及司獄官練習所に入所し巡査練習生になりました。六月に桃園庁の巡査になり、桃園庁の中を異動しています。経歴を見ると阿片主務補助、戸口主務、土語通訳兼掌、沿革史編纂補助など住民の生活に直結した民生の末端業務からスタートしたようです。その後、台北市周辺の郡部を転々とし、各郡の警察課長などを歴任しています。そして、明治四四（一九一一）年、京都出身の上司の紹介で京都育ちの母と結婚しました。父三一歳、母二一歳でした。

（2）三男三女の末っ子として生まれる

兄二人姉三人の末っ子として私が生まれました。昭和一一（一九三六）年に基隆の双葉小学校[*1]に入学しました。父が基隆警察署長として着任していた時です。双葉小学校での思い出は一年生の時に劇で「桃太郎」の主役をやったことです。引き揚げで持ち帰った数少ない写真の一枚が双葉小学校での学芸会の時のものです（写真14）。

（3）双葉小学校から樺山小学校へ転校

父の台北州警察部への転勤に伴い二年生の二学期に樺山小学校[*2]へ転校しました。二

＊1　双葉小学校
一八九七（明治三〇）年、基隆国語伝習所小学科として創立。基隆で最初の日本人小学校。現在は仁愛国民小学になりました。

＊2　樺山小学校
一九一一（明治四四）年、台北第四尋常小学校として台北市樺山町に開校。後に樺山尋常小学校と改称。校舎は行政院内政部警政署として使用されています。

写真14　基隆双葉小学校学芸会（個人蔵）

年から四年までは加藤公司先生、五年、六年は木村義也先生でした。樺山小学校時代を懐かしく思うのは、この二人の先生のお陰かと思っています。五年生の時、木村先生の薫陶で級長になってしまいました。ある時、女性皇族が学校視察に来られたことがあります。その方の前で先生に質問する役割をさせられ、何回も何回もリハーサルしたものです。

低中学年の頃は『のらくろ』、『講談社の絵本』などを読み、三角ベース、影踏み、ゴム跳び、馬跳びなどで遊んでいました。高学年になって『源平盛衰記』『風の中の子供』『真田三勇士』などいろいろ読み、自転車乗り、凧揚げ、飛行機模型作りなどいろいろんな遊びをしていました。戦争が厳しくなる前の、比較的穏やかな時代でした。

(4) 二人の兄に続いて台北一中へ進学

昭和一六（一九四一）年、校名が小学校から国民学校になりました。六年生になっても入試のための勉強はそんなにしていませんでした。筆記試験があったとしても簡単なものだったと思います。昭和一七（一九四二）年三月に国民学校第一回生として尋常科を卒業し、台北一中[*3]に進学しました。二人の兄に続いて台北一中に進むべきものと思い、入学できたのは幸いでした。長兄は既に台北高校から京都帝国大学に進学し、次兄は同年台北一中から台北高校に進学していたので、中学は次兄と入れ替わりになりました。

授業がまともに行われたのは一年生と二年生の時の二年間くらいでした。三年になると連日のように勤労動員で、もっぱら土木作業でした。我々の世代は、勉強はもち

*3 台北一中
一八九八（明治三一）年四月、台湾で初めての男子のための中等教育の学校。国語学校第四附属学校尋常中学科、一九〇七（明治四〇）年五月、台湾総督府中学校となりました。

*4 海兵
海軍兵学校の略で、海軍将校を養成した学校。

*5 予科練
海軍飛行予科練習生の略で、海軍航空兵養成制度のひとつ。

ろん、先輩たちが情熱を傾けて活躍した野球やラグビーといった運動部等の活動にも全く無縁でした。したがって、中学生活に対する思い入れも先輩に比べると弱いものがあるようです。この間に、二〇〇人中約五〇人もの多くの同期生が、陸士や海兵[*4]、予科練[*5]といった陸海軍の学校に転校していきました。

（5）中学三年で学徒兵となる

昭和二〇（一九四五）年三月二〇日、中学三年も終わろうとする頃、学徒兵として警備召集を受け、その後戦争が終わるまでの半年間、在学のまま軍務に服することになりました。学年全体約一五〇人が配属将校のもとに一中隊として編成されました。第六十六師団（通称「敢」）隷下の第五〇五大隊（通称「一三八六二部隊」）の第三中隊です。学年全員がこうした形で召集されても、それまでの勤労動員と感覚的に大きな差はありませんでした。学校からも説明は無く、赤紙を貰ったか貰わなかったかもはっきりせず、召集と言われてもさほど深刻な気持ちにはなりませんでした。

沖縄の中学生が戦闘に参加したことはよく知られています。台湾ではこのような形で全島の徴兵適齢年齢以下の高校・高専[*]の学生、そして中学三年の我々が召集を受けたのでした。私の同期生はほとんどが満一五歳か一六歳で、第二国民兵役に編入できる一七歳に達していませんでした。そういう少年たちをどうして召集することができたのか、戦後になってもずっと疑問を持ち続けてきました。平成一〇（一九九八）年、多くの人の協力を得て、私なりの考えをまとめた『台湾における学徒兵召集の実態とその法的背景』という論文を作成しました。国会図書館にも納めました。

＊高専
専門学校令によって専門教育を行っていた高等教育機関。昭和一九年時では台北経済専門学校、台南高等工業専門学校、台北帝国大学附属医学専門学校、台北農林専門学校の四校。

話し出せば、大変長くなりますので簡単に話します。満一七歳未満の者を徴集するためには、本人の志願という手続きを踏んで第二国民兵役に編入し、そのうえに召集が行われるということしか考えられません。我々が果たして志願したのかどうか。はなはだ曖昧なのですが、私自身は全く記憶にありません。学校当局がいつの間にか全員の志願手続きをとったのかもしれません。また、仮に一人一人、志願の有無を問われたとしても、とても断ることはできなかったでしょう。

こうして日本の軍隊の歴史で最も若い兵隊が誕生しました。我々が召集を受けた後、六月には一年下と二年下の生徒の一部が同じような召集を受けました。我々よりもさらに若い兵隊が生まれたのです。我々は三月二〇日前後に召集を受けたのですが、人によって呼称は防衛召集（待命）、警備召集（待命）、教育警備召集などまちまちでした。その実態は正確には警備召集であり、初めの一ヶ月は待命（教育的）で、その後、本格的な召集になったものと私は理解しています。

三月二〇日から四月四日までは学校の体育館に寝泊まりして兵隊としての訓練を受けました。四月五日から一ヶ月間、桃園の沙崙《さろん》という海に近い部落で敵の上陸に備えての陣地構築と訓練が行われました。この期間に待命から本格的な警備召集に移行しました。そして、五月五日には台湾北部の七星山の中腹大麗峠に移動し、戦争が終わるまで陣地構築と訓練の日々を送りました。我々に与えられた武器は、学校の教練で使っていた古い三八式歩兵銃、それに新たに支給された二、三丁の軽機関銃だけでした。服装は軍服の下に着る襦袢《じゅばん》・袴下《こか》のみ、それに地下足袋というまことにお粗末なものでした。育ち盛りの少年たちへの食事は、おかゆのようなものばかりで固形のおかずは

○コラム・24

公学校小学科

台中州彰化孔子廟に国語伝習所が置かれ、後に彰化公学校になりました。彰化公学校『学校沿革誌』には「三十一年十一月彰化公学校内ニ内地人児童ヲ教育スルコト許サル　カクテ三十五年四月十六日彰化尋常高等小学校創立孔子廟東廡借用ス」と書かれています。第一回卒業生の写真には本島人と内地人の子どもが一緒に写っています。内地人児童は年相応ですが、本島人児童は内地人児童よりも頭一つ分大きく、卒業時二〇歳の人もいました。

ほとんどありませんでした。蛇が多かったので蛋白源として食べたこともありました。戦争終結は、山上から竹と茅をもって自分たちで作った兵舎に戻った時に聞きました。八月二九日、台北家政女学校にあった大隊本部で復員命令を受け、両親が疎開している板橋に帰りました。

　ともかく、あほらしく、かつまた腹の立つ六ヶ月は終わりました。頭の柔軟な、吸収力の旺盛であったはずの貴重な年代を、戦争の中にどっぷりと浸かってしまいました。しかも、日本陸軍の最も低劣な見本であったと断言して憚らない配属将校や数人のプロの下士官に、我々の青春を踏みにじられた思いが強く、未だに憤りを禁ずることができません。本来なら、伝統あるそして全国的に見ても立派な学校であった台北一中の生活を全くといっても過言でないくらい享受できませんでした。そのことについて今更ながら腹の底から悔いを覚えます。

（6）　戦後の台北一中から仁愛中学校へ

　疎開先の板橋から台北一中へ通いました。台北一中は中華民国の進駐とともに次々に変わりました。昭和二〇（一九四五）年一二月には台北一中の日本人生徒と四中の日本人生徒の半分で、新しい学校が編成されました。翌年一月二五日に仁愛中学と改称されましたが、同校は三月の我々の卒業とともに廃校になりました。昭和二〇年一二月には台北一中、三中、四中の台湾籍生徒による建国中学が編成されました。今日の建国高級中学の母体です。台湾籍の生徒が多かった二中は成功中学となり、現在の成功高級中学の母体となりました。三中の日本人生徒と四中の日本人生徒の半分で和平

○コラム・25

小学校派遣教授

　国語伝習所がない町には公学校に小学科を設けました。しかし、公学校教員免許を持つ教員による授業を受けても小学校教育課程を修了することが認められませんでした。そのため、小学校教員免許を持つ教員を公学校に派遣し、授業を行うという方法を採り、小学校派遣教授と呼びました。

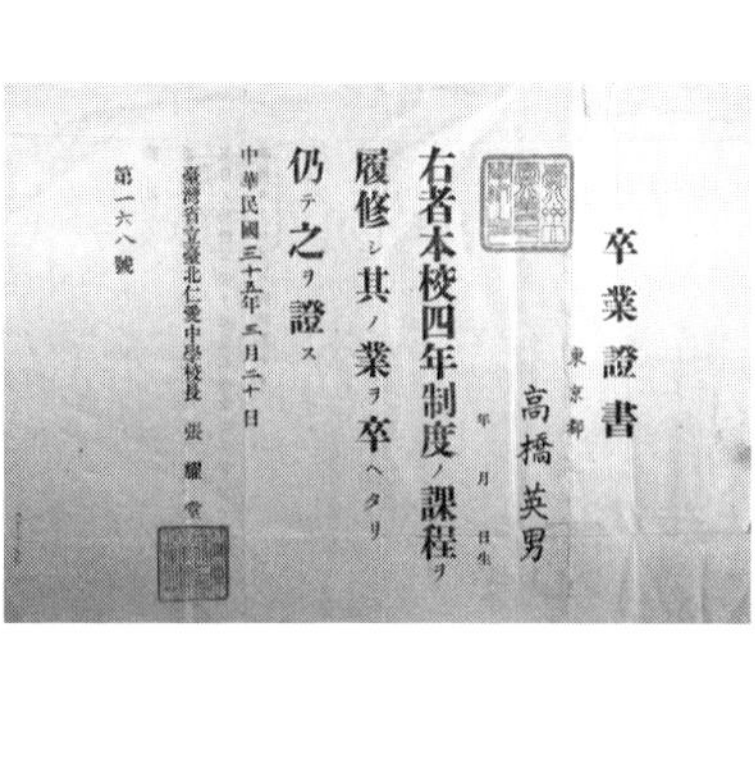

写真15　台北仁愛中学校卒業証書（個人蔵）

中学になりました。この和平中学は日本人の大半が引き揚げた後、新たな日本人学校ができるまで、留用日本人児童の学校として存続しました。

授業が再開され、勉強できるようになったことは大きな喜びでした。戦時中、中学校の修業年限は五年から四年に短縮されました。しかもその四年間で実際に勉強したのは二年か、せいぜい二年半であったと思います。改めて勉強というものについて新鮮な興味を感じたことを思い出します。誰に言われることもなく勉強に励みました。

（7）　引き揚げ、そして東京高校を経て東京大学へ

昭和二一（一九四六）年二月二七日に引き揚げることになりました。父は渡台当初から台湾に骨を埋めるつもりでした。戦後も許されるなら台湾に留まりたいと希望したようですが許されませんでした。私は引き揚げが早い方で仁愛中学の卒業式には出られませんでした（写真15・16）。予定より二日遅れて和歌山県田辺港に上陸し、三月一二日に雪の舞うなか家族全員無事に三鷹の井の頭に住んでいた叔父（父の弟）の家にたどり着きました。

両親や兄たちの理解と励ましにより、私は叔父の家の近くにある私立明星学園中等部[*1]の五年に編入しました。男女共学の学園というのはとても珍しく感じられました。朝鮮からの引き揚げ者の子どもも一人いましたが、学校は引き揚者の我々を何の分け隔て無く親切に扱ってくれました。昭和二二（一九四七）年三月、明星学園中等部を卒業し、一浪して東京高等学校[*2]へ旧制最後の学生として入学しました。ところが戦後の学制改革が決定し、昭和二四（一九四九）年から新学制の大学に進学しなければならなくなり

写真16　台北仁愛中学校卒業写真。（一九四六年三月、空襲で屋根が被災した校舎の前にて。個人蔵）

＊1　明星学園
一九二四（大正一三）年、赤井米吉、照井猪一郎等により東京・井の頭の地に創立。

＊2　東京高等学校
一九二一（大正一〇）年に設立された官立の七年制高等学校で、台北高等学校と同じ尋常科四年、高等科三年で編成されました。

ました。再度試験を受け東京大学教養学部に合格し、両親を安心させることができたことが唯一の親孝行であったと思います。

（8）植民地での支配者側の元少年の思い

我々は悔いの多い中学生活を過ごしましたが、あくまでも植民地での支配者側の少年としての立場にたってのことでした。クラスメイトを含めた現地の人々の当時の心境を考えないわけにはいきません。彼等が戦後、国共対立[*1]のなかで、中国の厳しい思想統制を受け、中国本土から来た人とも感情的になじめず、折角日本の統治から解放されながら真の解放感を味わうことができないという、やり場のない憤懣を持っていたことを考えると、言うに言われぬ心苦しさを感じます。

〔調査日　二〇二〇（令和二）年六月二九日〕

（9）髙橋英男さんの話を聞いて

「台湾に骨を埋めるつもりでした。戦後も許されるなら台湾に留まりたいと希望したようですが許されませんでした」という髙橋さんのお父さんの気持ちは、如何ばかりであったでしょうか。髙橋さんの中学校生活は教練や動員に明け暮れ、中学生ながら学徒兵となりました。そうした不条理を明らかにするため『台湾における「学徒兵」召集の実態とその法的背景』をまとめられました。学徒兵召集を受けた台湾の学校同窓会の協力があったとのことですが、学徒兵となった方々は皆同じ思いを抱いていたのでしょう。こうした調査は、今はもう不可能です。歴史はこうした地道な取り組みで記憶が

＊1　国共対立

太平洋戦争終結後の中国大陸にて、共産党と国民党政府による内戦が勃発し、共産党が勝利し国民党は台湾に逃れました。国民党は台湾にて唯一の政党として存続し、その後の台湾海峡を挟み中国共産党と対立しました。

○コラム・26

教科書は文部省発行の国定教科書授

公学校では台湾総督府発行教科書、小学校では文部省発行の国定教科書を使いました。国定教科書は日本国内だけでなく朝鮮、満洲、南洋などの日本人学校でも使用していました。しかし、台湾の動植物は日本国内と異なるものでした。そのため一九四〇（昭和一五）年から、理科のみ公学校との共通教科書を使用することになりました。唯一の共通教科書だと思われます。

記録となり、残されていくことを教えてくれます。

なお、髙橋さんからの聞き取りはコロナ禍のさなかでした。話してくださった内容に、ご両親の思い出について書かれた手記、同窓会誌寄稿文を参考にし、筆者が作文化しました。その文章を髙橋さんが添削を重ねて完成させたことを申し添えます。

3　四節のまとめ――終戦前後の学び

戦争が終わり、日本人の小中学校も再開されることになりました。借金の日延べはできても、教育の日延べはできないと、保護者の強い要望もありました。現地当局も混乱の続くなか、それに応えました。そして、大方の日本人の引き揚げが終わったあとは、台南、台北等に学校が設置されました。

二節の陳玟珍さんの父親は、引き揚げる日本人の友人から大切な品を預かり保管していましたが、髙橋さんの父親は親交のあった台湾の有数の富豪である、板橋林本源《りんほんげん》家関係者に大切な品を預けていたと聞きました。戦前の本島人と内地人は統治される民族と統治する民族でした。言い換えれば支配される側と支配する側という関係です。ここではそうした関係ではなく対等の人と人の関係があったから、大切な品を託し、預かることができたのです。台北帝国大学医学部の森於菟《もりおと》教授が日本から持ってきた父・鴎外の遺品を、引き揚げ時、同大の杜聰明《とそうめい》教授*2に託した話が知られていますが、一般にもそうした篤い信頼関係があったのです。掘り起こせば、数多くの話が出てくるでしょう。こうした絆が、今も台湾と日本とをつないでいるのではないかと思います。改めて聞き取りの記録を世に出すことができて嬉しく思います。

○コラム・27

日本人教師の本音?

ある同窓会で元小学校の先生であった方と話す機会があり、子どもたちへの指導上、何が一番大変であったかを聞きました。すると「子どもたちにとって家庭と学校だけが日本だ。そこから一歩外を出れば台湾だ。いかに日本の子どもとして育てるか。それにつきた」と話されました。この言葉を裏読みすれば「いかに日本人の子どもたちが台湾人にならないよう、気をつけなければならないか」となるのでしょう。内台共学はあくまでも台湾人を日本人とすることであったと、知らされました。

*2　杜聰明（一八九三―一九八六）
台北淡水の出身。京都帝国大学医学部を卒業し、台北帝国大学医学部教授、戦後は国立台湾大学医学部部長を務めました。台湾人として初めて医学博士の学位を取得しました。

おわりに

本書は太平洋戦争の前後に、台湾で少年少女時代、青年時代を過ごした方の学校生活の様子を中心に、台湾人の方には戦後の仕事、日本人の方には引き揚げ前後のことなどについても話していただいたことを書きまとめたものです。太平洋戦争が終わったのは一九四五（昭和二〇）年八月です。この時一五歳だった方は、二〇二一年には九一歳。二〇歳の方は九六歳になります。皆、私が直接会って話を聞いた方たちです。一四人の方が登場しましたが、一四通りの生活がありました。

本書では取り上げませんでしたが、知本での調査時、俺は戦争で人を殺した、と繰り返し話されるAさんがいました。Aさんは高砂義勇隊*として南方に送られたのでした。そのことについては同席していた方は皆ご存じで、戦争の時の出来事は罪ではないと神父様が言われたよ、つらかったねと、その度に優しく諭していました。Aさんは近年よく言われるPTSD（心的外傷後ストレス障害）で、心を病んでいたのです。アメリカでは、湾岸戦争などからの帰還兵にそうした方が大勢いたことが報告されています。当地での話を聞き終わった時、Aさんをいたわっていた男性から、白柳さんに私たちの話を聞いてもらえて嬉しかった、という涙ながらの言葉を聞きました。この時、私は日本を背負っているのではないかという重圧を感じました。

この調査は戦前戦中戦後の、おそらく人生で最も辛かった時の思い出を語ってもらうものでした。調査で出会った台湾人の方々はかっての統治国であった日本からきた、

*高砂義勇兵
太平洋戦争末期、原住民青年によって編成された日本軍部隊。原住民を高砂族と呼んだことによります。

私に対して親しみを持って接してくださいました。それだけに一人一人の言葉を文字にして世に残したいと思い、採録した記録は勤務校の『館報』などで報告して来ました。市井の人々は手記など残さない限りは、自分の思いや言葉を残すことはありません。話してくださった方々の記録や記憶を、再度形を変えて、読んでいただけることができて嬉しく思います。

また、本原稿を脱稿し終えた日の夜遅く、こうした調査が不自由なくできる台湾の民主化に尽くされた元台湾総統李登輝の訃報をテレビが伝えていました。李登輝の著作を本書で使用していたことからも、訃報に見入ってしまいました。

今回、発表の機会を与えてくださった日本植民地教育史研究会、風響社に感謝申し上げます。また、二節の四名の方の話については、科研実施時の調査で採録したものです（『台湾人の口述歴史の採集分析に基づく日本統治から戦後への台湾社会の転換に関する研究』）。今回の出版にあたり使用を許可してくださいました科研代表者の東京女子大学名誉教授栗原純先生に感謝致します。また、二節と三節の調査にあっては度々勤務を離れての調査活動となりました。歴代の玉川大学教育博物館館長並びに館員の理解と協力により可能となりました。御礼申し上げます。

二〇二〇年七月三〇日　白柳弘幸

参考文献

伊藤　潔
一九九三　『台湾――四百年の歴史と展望』（中公新書）、中央公論新社。

呉文星
一九九四　「日本統治時代の教育制度を振り返る」『中華週報』一六八五～一六九三号、中華週報社。

白柳弘幸
二〇〇五　「第一回台湾教育史現地調査」『玉川大学教育博物館館報』第二号。
二〇〇六　「第二回台湾教育史現地調査」『玉川大学教育博物館館報』第三号。
二〇〇七　「第二回台湾教育史現地調査（その二）」『玉川大学教育博物館館報』第四号。
二〇〇八　「第三回台湾教育史現地調査」『玉川大学教育博物館館報』第五号。
二〇一三　「日本植民地統治下台湾における学校劇」『日本植民地・占領地教科書と「新教育」に関する総合的研究――学校教育と社会教育から』平成二二～二四年度科学研究費補助金成果報告書。
二〇一四　「光復後の台湾における日本人中学校の教育――台湾省立高雄第二中学校特別班を中心として」『旧外地の学校に関する研究――一九四五年を境とする連続・不連続』平成二三～二五年度科学研究費補助金成果報告書。
二〇二〇　「台南州における内台共学――台南南門尋常小学校を中心にして」『植民地教育史研究年報』二二号、皓星社。

台湾教育会編
一九三九　『台湾教育沿革誌』（二〇〇八年、龍渓書舎社から復刻）。

台湾総督府
各年度　『台湾総督府学事年報』『台湾の教育』。
一九四六　『台湾統治概要』（一九九七年、台北南天書局から復刻）。

高橋英男
一九九八　『台湾における「学徒兵」召集の実態とその法的背景』私費出版。

李登輝
二〇〇六　『「武士道」解題――ノーブレス・オブリージュとは』小学館。

～さらに理解を深めるために～

●台湾の少年少女の生活を知る本

王育徳『「昭和」を生きた台湾青年』（草思社、二〇一一年）
邱永漢『わが青春の台湾』（中央公論社、一九九四年）
黄鳳姿『台湾の少女』（東都書籍、一九四三年）
呉濁流『アジアの孤児』（新人物往来社、一九七三年）
酒井充子『台湾人生』（光文社、二〇一八年）
桜の花出版編集部編『少年の日の覚悟』（桜の花出版、二〇一〇年）
佐藤玉枝『わたしの台湾』（アジェンダ、二〇一四年）
中田芳子『十四歳の夏』（フィールドワイ、二〇〇二年）
野口毅『台湾少年工と第二の故郷』（展転社、一九九九年）
原田一美『虎先生がやってきた』（ＰＨＰ社、一九九六年）
吉野信之『大正十年生まれの戦時体験』（文芸春秋企画出版部、二〇一八年）
林景明『日本統治下台湾の「皇民化」教育』（高文研、一九九七年）

●台湾の歴史・生活・教育を知る本

池田敏雄『台湾の家庭生活』（東都書籍、一九四四年（大空社復刊））
片倉佳史『台湾に生きている「日本」』（祥伝社、二〇〇九年）、『台湾』（祥伝社、二〇一五年）

木下知威編『伊澤修二と台湾』（台湾大学出版中心、二〇一八年）
国府種武『台湾に於ける国語教育の展開』（第一教育社、一九三一年〔冬至書房等復刊〕）
洪郁如『近代台湾女性史』（勁草書房、二〇〇一）
呉宏明『日本統治下台湾の教育認識』（春風社、二〇一六年）
呉濁流『夜明け前の台湾』（社会思想社、一九七二年）
黄昭堂『台湾総督府』（教育社、一九八一年〔筑摩学芸文庫復刊〕）。
国立編訳館主編／蔡易達・永山英樹訳『台湾国民中学歴史教科書』（雄山閣、二〇〇〇年）
桜栄寿三『蝸牛の鳴く山』（藤森書店、一九七九　年）
司馬遼太郎『台湾紀行』（朝日新聞社、一九九四年）
周婉窈・濱島敦俊監訳『増補版　台湾の歴史』（平凡社、二〇一三年）
大東和重『台湾の歴史と文化』（中央公論新社、二〇二〇年）
台北師範学校同窓会『日台の睦び』（台北師範学校同窓会、一九七九年）
竹中信子『植民地台湾の日本女性生活史』（田畑書店、二〇〇一年）
竹中りつ子『わが青春の台湾』（図書出版社、一九八三年）
陳虹彣『日本統治下の教科書と台湾の子どもたち』（風響社、二〇一九年）
鄭麗玲／河本尚枝訳『躍動する青春』（創元社、二〇一七年）
乃南アサ『ビジュアル年表台湾統治五十年』（講談社、二〇一六年）
藤森智子『日本統治下台湾の「国語」普及運動国語講習所の成立とその影響』（慶應義塾大学出版会、二〇一六年）

松田吉郎『台湾原住民と日本語教育』（晃洋書房、二〇〇四年）
宮本延人『台湾の原住民族』（六興出版、一九八五年）
宮本延人他『台湾の民族と文化』（六興出版、一九八七年）
村上政彦『「君が代少年」を探して』（平凡社新書、二〇〇二年）
安田敏郎『かれらの日本語』（人文書院、二〇一一年）
吉田荘人『人物で見る台湾百年史』（東方書店、一九九三年）
李園会『日本統治下における台湾初等教育の研究』（台湾省立台中師範専科学校、一九八一年）
林琪禎『帝国日本の教育総力戦』（国立台湾大学出版中心、二〇一五年）

●戦前の台湾教育に関する資料・図書を所蔵する主な機関（＊閲覧を希望される場合、事前に連絡・相談をしてください）

台湾協会（台湾関係全般）
　東京都新宿区新宿6—29—6　エルツ6ビル4F（03—3200—8116）
台湾交流協会図書館（台湾関係全般）
　東京都港区六本木3—16—33（03—5573—2608）
玉川大学教育博物館（総督府発行教科書・学校同窓会関係図書）
　東京都町田市玉川学園6—1—1（042—739—8656）

資料3　島内公立中学校現況

（昭和9年4月30日現在）

校名	設置年月日	生徒定員	生徒数				入学状況							
							志願者				入学者			
			内地人	本島人	その他	計	内地人	本島人	その他	計	内地人	本島人	その他	計
台北第一中学校	明治31年3月	1,000	965	44	3	1,012	428	15	0	443	193	7	0	200
台北第二中学校	大正11年4月	550	138	393	1	532	116	591	1	708	38	108	0	146
基隆中学校	昭和2年4月	500	339	122	0	461	151	185	0	336	78	24	0	102
新竹中学校	大正11年4月	500	224	224	1	449	110	249	1	360	52	45	0	97
台中第一中学校	大正4年2月	500	70	423	1	494	35	624	1	660	16	92	1	109
台中第二中学校	大正11年4月	500	420	34	0	454	187	23	0	210	88	10	0	98
台南第一中学校	大正3年5月	750	568	102	0	670	245	83	1	329	126	24	0	150
台南第二中学校	大正11年4月	500	9	476	2	487	2	528	5	535	0	103	0	103
嘉義中学校	大正13年4月	500	227	239	0	466	121	324	1	446	54	48	0	102
高雄中学校	大正11年4月	550	374	163	0	537	263	257	0	520	110	40	0	150
計		5,850	3,334	2,220	8	5,562	1,658	2,879	10	4,547	755	501	1	1,257

注）台湾総督府文教局『台湾の教育』昭和9年10月発行より作成。元の表から一部項目を減らしています。

資料2　諸学校一覧

（昭和19年末）

		官立	公立	私立	計（校）	人数
初等普通教育	国民学校※	7	1,092	0	1,099	932,525
高等普通教育	中学校	0	18	4	22	15,172
	高等女学校	0	20	2	22	13,270
	高等学校	1	0	0	1	562
	帝大予科	1	0	0	1	540
実業教育	実業補習学校	0	82	8	90	18,090
	実業学校	0	25	2	27	14,626
師範教育	師範学校	3	0	0	3	2,888
	臨時教員養成所	1	0	0	1	85
	青年師範学校	1	0	0	1	360
専門教育	専門学校	4	0	1	5	1,997
大学教育	帝国大学	1	0	0	1	394
特殊教育	盲唖学校	0	2	0	2	346
私立各種学校		0	0	9	9	3,260
		19	1,239	26	1,284	1,004,115
幼稚園		0	2	93	95	8,672
教育所		0	180	0	180	10,355
青年学校（国民学校修了者対象）		0	556	25	581	111,846
皇民錬成所（国民学校未修了者対象）		0	3,522	0	3,522	177,526
※国民学校	旧公学校				908	866,361
	旧蕃人公学校				36	10,386
	旧小学校				155	55,778

台湾総督府編『台湾統治概要』1945年より

1921	10	2月・清水蕃童教育所設置 4月・台湾公学校令、蕃人公学校令廃止 台南女子高等普通学校（後の台南第二高等女学校）創立 5月・高雄市堀江小学校創立
1922	11	4月・新台湾教育令公布　内台共学開始 新竹中学校・台南第二中学校・高雄中学校等創立 台湾総督府高等学校設置 〈皇太子裕仁（後の昭和天皇）台湾行啓〉
1924	13	4月・高雄高等女学校、嘉義中学校等創立 11月・崙天蕃童教育所設置
1925	14	4月・総督府高等学校高等科設置 〈4月・陸軍現役将校配属令〉
1927	昭和2	5月・台湾総督府台北高等学校と改称 台北第一・第二師範学校に改編
1928	3	3月・台北帝国大学創立
1929	4	4月・太平教育所（現花蓮県太平国民小学）設置 〈矢内原忠雄『植民地統治下の台湾』刊行　台湾内発禁〉
1930	5	4月・台北州国語講習所設置
1931	6	1月・台南高等工業学校創立
1933	8	4月・芎林農業専修学校設置
1935	10	4月・青年学校令公布 5月・中野蕃童教育所設置
1936	11	〈小林総督「台湾の皇民化・工業化・南進基地化」発表〉
1937	12	4月・公学校で漢文授業廃止　国語常用家庭制度始まる 〈皇民化運動始まる　新聞の漢文欄廃止〉 〈9月・本島人軍夫、中国の戦場に送られる〉
1938	13	〈4月・国家総動員法公布〉
1940	15	〈2月・改姓名許可〉 4月・台東庁立台東高等女学校等創立 〈12月　太平洋戦争始まる〉
1941	16	4月・国民学校令実施　全島の小学校と公学校が国民学校に名称変更 〈皇民化運動積極的推進始〉
1942	17	4月・富田青年学校設置　〈特別志願兵制実施〉
1943	18	4月・国民学校が義務教育化
1944	19	〈4月・台湾人の徴兵制実施〉
1945	20	〈8月・日本敗戦により、台湾での植民地統治終了〉 〈10月・中国戦区台湾地区降服調印式〉 11月・全島の国民学校が接収される。 12月・台北一中、四中で内地人子弟中学校編成
1946	21	1月・内地人子弟中学校、台北市仁愛中学校と改称（男子子弟）、3月閉校 省立台北第四女子中学校設置（女子子弟） 3月・内地人引き揚げ始まる 5月・留用者子弟の学校設置—台北市・輔仁小学校、和平中学校 台南市—中区第二国民学校日僑特別学級、台南日僑中学校 高雄市—高雄第二中学校、他に台中市、台東市、花蓮市にも設置
1947	22	5月・国立台湾大学附設留日籍人員子女教育班開校、現台北日本人学校

資料1　台湾教育史年表

本書に関係する諸学校の創立年なども含む

西暦	和暦	出　来　事
1895	明治28	〈5月・日清講和条約批准交換、台湾が日本の植民地となる〉 5月・伊澤修二、学務部長心得任命 7月・学務部芝山巌学堂にて授業開始
1896	29	1月・芝山巌事件発生 3月・台湾総督府直轄学校官制制定—国語学校・国語伝習所設置 5月・国語伝習所名称位置発布、14カ所に設置 伝習所乙科設置（本島人の教育開始） 6月・芝山巌学堂を国語学校第一附属学校と改称 9月・恒春国語伝習所猪朥束分教場設置（原住民教育開始）
1897	30	4月・国語学校第一附属学校女子分教場（本島人女子教育開始） 5月・国語学校第一附属学校女子部設置（本島人女子中等教育開始） 6月・第四附属学校小学科設置（日本人子弟教育開始） 11月・国語学校附属学校にて運動会行われる
1898	31	3月・第四附属学校尋常中学科設置（内地人男子中等教育開始） 7月・台湾公学校令・台湾公学校官制・台湾小学校官制公布 伝習所乙科の殆どを公学校に改編　九芎林公学校設置（後の芎林公学校）
1899	32	3月・台湾総督府医学校官制・師範学校官制公布
1900	33	7月・台東国語伝習所太巴塱分教場（後、公学校）設置
1901	34	6月・台湾教育会発会　同会『台湾教育会雑誌』刊行 11月・公学校令改正　『台湾教科用書国民読本』刊行開始
1902	35	3月・台北県枋橋公学校（現新北市板橋国小）で運動会行われる
1903	36	第1期『国民読本』（国語教科書）完結
1904	37	10月・台北第二小学校分教室内設置第三附属学校（内地人女子中等教育開始） 11月・嘉義庁達邦社に初の蕃童教育所設置
1905	38	2月・蕃人の子弟を就学せしむべき公学校に関する件（蕃人公学校令）公布
1906	39	1月・台北県枋橋公学校（現新北市板橋国小）で児童学芸演習会行われる
1907	40	2月・台湾公学校令発布 5月・台湾総督府中学校（後の台北第一中学校）創立 中学校に高等女学校（後の台北第一高等女学校）附設
1908	41	4月・小学校義務教育年限延長実施　6年制へ
1909	42	4月・台北第三尋常高等小学校（後の台北南門小学校）創立
1911	44	4月・台北第四尋常高等小学校（後の台北城北小、樺山小）創立
1912	45	〈辛亥革命起こり、中華民国成立〉
1914	大正3	5月・総督府台南中学校（後の台南第一中学校）創立 〈7月・第1次世界大戦始まる　～18年〉
1915	4	2月・公立台中中学校創立（後の台中第一中学校）創立 4月・台南南門小学校創立
1917	6	10月・総督府台南高等女学校（後の台南第一高等女学校）創立
1919	8	1月・台湾教育令公布　国語学校が師範学校に改編 4月・台南第三公学校（後の末広公学校・現進学国民小）創立 〈10月・内地延長主義の統治方針発表〉

著者紹介
白柳弘幸（しらやなぎ　ひろゆき）
1951年八王子市生まれ。
玉川大学文学部教育学科卒業。法政大学大学院日本史学専攻修了。玉川学園小学部教諭を経て玉川大学教育博物館学芸員。現在は玉川大学教育博物館専門スタッフ、玉川大学教育学部全人教育研究センター研究員。
論文に「植民地統治台湾草創期の初等教育：漢文教育と本島人教員」（『玉川大学教育博物館紀要』第17号、2020年）、「台南州における内台共学：台南南門尋常小学校を中心にして」（『植民地教育史研究年報』第21号、2020年）、「公学校修身書と理科書に見られる近代：衛生思想の啓発を中心として」（平成25～27年度科学研究費補助金（基盤研究（B）（一般））研究成果報告書、2016年）、「台北高等学校と成城高等学校：「自由」な校風と3名の教育者」（『台北高等学校創立90週年　国際学術研討会論文集』国立台湾師範大学台湾史研究所、2014年）、「台湾国民学校期修身教科書教材「心を一つに」についての一考察」（『帝国日本の展開と台湾』創泉社、2011年）、「台湾公学校における修身教育の創始：領有直後から明治末年まで」（『台湾教育史研究会通訊』第43期　台湾教育史研究会、2006年）など。

戦時下台湾の少年少女

2022年3月15日　印刷
2022年3月31日　発行

著　者　白柳　弘幸

発行者　石井　雅
発行所　株式会社　風響社

東京都北区田端4-14-9（〒114-0014）
TEL 03（3828）9249　振替 00110-0-553554

印刷　モリモト印刷

ISBN978-4-89489-319-1　C0022